力量型演讲

李瑾 著

2019年·北京

图书在版编目(CIP)数据

力量型演讲 / 李瑾著 . -- 北京：当代中国出版社，2019.6
ISBN 978-7-5154-0921-4

Ⅰ．①力… Ⅱ．①李… Ⅲ．①演讲—语言艺术 Ⅳ．①H019

中国版本图书馆 CIP 数据核字（2019）第 074338 号

出 版 人	曹宏举
策划编辑	陈　莎
策划支持	华夏智库·张　杰
责任编辑	陈　莎
责任校对	康　莹
出版统筹	周海霞
封面设计	闰江文化
出版发行	当代中国出版社
地　　址	北京市地安门西大街旌勇里 8 号
网　　址	http://www.ddzg.net　邮箱：ddzgcbs@sina.com
邮政编码	100009
编 辑 部	（010）66572264　66572154　66572132　66572180
市 场 部	（010）66572281　66572161　66572157　83221785
印　　刷	三河市兴达印务有限公司
开　　本	710 毫米 ×1000 毫米　1/16
印　　张	13 印张　200 千字
版　　次	2019 年 6 月第 1 版
印　　次	2019 年 6 月第 1 次印刷
定　　价	48.00 元

版权所有，翻版必究；如有印装质量问题，请拨打（010）66572159 转出版部。

自序

"往事越千年,魏武挥鞭,东临碣石有遗篇。萧瑟秋风今又是,换了人间。"无数次我扪心自问,人活着的意义是什么?我想这个问题一万个人有一万个答案,而我的答案是用生命点亮生命,用故事激励故事。

我出生在一个偏僻的农村,因为家庭贫困,从14岁就开始了长达8年的半工半读生活。服务员、售货员、仓库保管员、摆地摊、做推销……我为了赚自己的学费和生活费而不遗余力。你可能会问,14岁打工,怎么可能?我要告诉你:大多数人都有否定性思维,"不可能"或许是这个世界上最大的谎言。

我经常讲:一个人最大的敌人就是他脑袋里陈旧的思想和条条框框。在8年打工生涯中,我被上万人拒绝过,明白了何为"如人饮水,冷暖自知"。

我的故事从22岁那年开始发生转折:那一年我决定不打工了,要自己当老板!那年我读大二……我为自己这个绝妙的想法拍手称快。那么,问题来了：当老板要做什么？怎么做？做什么项目？……这么多问题啊，太麻烦了！还是算了吧！我想，这也是很多人的想法，而我似乎天生不想和别人一样，我决定去学习怎么当老板！所以我到处找老板，我告诉自己，穷死都要站在富人堆里！

我发现了一个秘密：老板都喜欢在课堂里学习。从那以后，到处学习便成了我最重要的事情。终于有一天我在一堂公益课的课堂上听到老师讲了一句话："要当老板，先学演讲！"我像抓住救命稻草一样，大声喊："我想当老板！"顿时引来哄堂大笑！老师说："一起到核心课程来学演讲吧！"我说："没问题！""太好了！学费7.88万元，你刷卡还是转账？""啊？！"……

今天的你看到学费是这个数字是不是也要犹豫一下，同时找个理由拒绝呢？而我的决定是一定要学习核心课程！说实话，我并不知道自己这个决定是否正确，会不会被骗，我只知道无论结果怎样，我得迈出第一步！之后我向朋友借了10万元，交了学费，剩下的用做学习时的差旅费。

直到今天，我都非常感谢这10万元，因为它让我彻底摆脱了金钱的束缚；因为要成功，能力放在第二位，胆识放在首位！很多人之所以无法成功，原因就是退路太多，畏首畏尾，害怕投资，恐惧金钱！

这堂课程彻底改变了我的命运，让我从此走上演讲的舞台，把自己的故事讲出来，获得认同，收获"粉丝"。5年的时间，我在全国巡回演讲千余场，授课学员超过 10 万人。每次登台掌声雷动，我的心中就有无限感慨……5 年时间让我经历了一些人 50 年才能经历的人生，也收获了很多人 50 年才能收获到的财富，以及很多人 50 年都不一定得到的尊重。

如今，我每次演讲都在认真寻找台下的每一双眼睛，生怕错过当年的自己。所以，无论在何种条件下，我都坚持用全身心的力量去演讲，用我的故事唤醒更多人的潜能，创造出属于更多人的精彩！用我的生命去照耀更多人的生命，点亮中华大地，岂不快哉！我想，人固有一死，关键是死后能给这个世界留下什么？而我想留下一种精神：不服输，不认命，活出精彩，点亮他人！

这本书出版之际我刚刚生完宝宝。怀孕期间我还站在舞台上演讲了 8 个半月，宝宝出生 48 天后我复出登台！无数人问我："为什么这样做？"因为我想，万一哪天有人因为看到一个怀孕的女人努力的样子而激励了自己呢？万一哪一场演讲因为有人看到了一个哺乳期的妈妈努力的样子而放弃"带娃"这个借口呢？我在努力着，传播演说智慧，实现财富人生！

愿天下人都能学会演说，一开口就收人心、收灵魂！我们一起把汉语推向全世界，让全世界听到我们东方华语，并学习和体会它的美！

李　瑾

2019 年 1 月

前　言

　　爱尔兰剧作家萧伯纳说过一段寓意深刻的话：你我是朋友，各拿一个苹果来交换，交换后仍然是各有一个苹果；倘若你有一种思想，我也有一种思想，把各自思想相互交流，那么每个人就有了两种思想。演说，作为一个思想交流的载体，主讲者和听众思想的互动，可以产生无形的价值。

　　"人人都是演说家"，并不是电视里宣传的广告语，而是一个真正能够实现的目标。每个人都有理由相信自己也可以成为优秀的演讲者。

　　因为我们演讲并不是想要成为温斯顿·丘吉尔（英国演说家、政治家、历史学家）或者纳尔逊·曼德拉（南非前总统），而是能够成为自己。演讲不一定非要激情四射，赢得观众雷鸣般的掌声，对话式的分享同样会有效果。实际上，对大部分观众来说，对话的方式会更好。如果你知道如何在饭桌上当着一群朋友说话，那么你就知道如何发表公众演讲。可见，演讲真的并不高深，只要你愿意分享，就能够站在舞台上说出自己的观点、见解，分享自己的思想和价值观。

讲话有两种类型。第一种类型的讲话，有时候我们纯粹是为了自身的利益，将心中所想的大声表达出来。也可能刚刚发生了什么事情，我们通过说话做出回应。通常情况下，我们只会讲自己想表达的内容。另一种类型的讲话，目的是为了对其他人产生某种影响。这种情况下，演讲者是在分享，比如分享的内容可以是知识、洞察力、信息、灵感或是一些经验、一种感觉。

如果一个人希望事情成功，那就需要很好的演讲力，还要有沟通能力。就算你完全没有有效的技巧，也要明白，你的每一次演讲、每一次沟通，都会或多或少地激发别人的积极性，促进事情的成功，这就是演讲的价值。而且，通过演讲使一个人能够自信从容或幽默乐观地站在台上，这也是演讲给予一个人的另一种价值。

马云说过：别介意你的出身，重要的是你的价值。一个人的价值呈现多种形式、多个层面。马云带给大家的价值，除了他的商业模式，还有他的演讲能力。

普通人想要给自己一次生命出彩的机会，同样需要借助演讲去传播自己的思想和价值观。演讲大师陈安之说："我之所以成为演说家，目的只有一个，因为安东尼罗宾帮助我成功，我要把这份爱传递出去，去帮助更多的人。"这是每一个想要成为演说家的人的使命与担当，大师是这样，普通人也可以这样。

所以，这本书也要传达价值。我是一个演讲的学习者、传递者、受益者以及分享者，愿意把我在演讲路上的点滴心得和体会写出来，分享给读者。

这本书案例典型，语言平实，不仅适合锻炼口才的人学习，也适合培养演讲能力的人来学习。展望前路，我还是一个行在途中的学生。这个行业高手林立，大师成群。只有站在巨人的肩上才能看得更远，走得更坚定。希望每个已经成为演说家的人、正走在成为演说家路上的人和没有踏进演说行业的人，都能在这本书里获益。

目录

第一部分 演讲,成为语言魔术师 / 1

第 1 讲 哪类演讲家更受听众青睐 / 2

一、自信的演讲家 / 2

二、幽默的演讲家 / 5

第 2 讲 演讲家既要有"嘴上功夫",更要有真实力 / 7

一、演讲出彩先要自带精彩 / 7

二、成功的演讲离不开精彩的开场白 / 9

第 3 讲 演讲不是展示自己,而是帮助别人 / 13

一、听众只在乎"你能带给我什么" / 13

二、少讲自己"想讲的",要讲别人"想听的" / 16

第 4 讲 演讲需要激情,场面需要引爆 / 20

一、激情是演讲现场最好的兴奋剂 / 20

二、调动听众情绪，形成互动磁场效应 / 22

第5讲 演讲不是"讲话"，是"讲故事" / 25

一、挑选能引起共鸣的故事 / 25

二、故事要精心准备和对应场景 / 27

第6讲 演讲家的三个关键要求 / 30

一、从"实"：态度决定演讲效果 / 30

二、从"技"：技巧影响演讲效果 / 32

三、从"心"：尽可能多地了解听众 / 35

第二部分 讲台是战场，不打无准备的仗 / 39

第7讲 演讲前，给自己列"问题" / 40

一、演讲目的是什么 / 40

二、要给听众展现什么样的感觉和形象 / 43

三、要让听众学到什么 / 47

四、会遇到听众的哪些反对意见 / 49

第8讲 演讲前的体能准备 / 52

一、演讲前暖身运动不可少 / 52

二、静坐冥想，调整"磁场" / 55

三、收集资讯为演讲服务 / 57

第9讲 演讲前的心态准备 / 60

一、把演讲当成一次自我成长 / 60

二、让素养和修为给自己加分 / 62

三、带着同理心做演讲 / 64

第三部分 演讲敢精彩，才能真出彩 / 69

第10讲 自我介绍是"金字招牌" / 70

一、介绍还是不介绍 / 70

二、自我介绍需要保持各种"度" / 72

三、追求新颖独特的自我风格 / 75

第11讲 "以问开场"拉开演讲序幕 / 78

一、"YES"的问句技巧 / 78

二、好的演讲从听众的信任开始 / 81

三、一开始，气氛活跃很重要 / 82

第12讲 演讲进程不忘"制造梦想" / 87

一、听你讲完，听众觉得"他也能" / 87

二、听你讲完，听众觉得"想做那样的人" / 90

三、听你讲完，听众有身临其境的感觉 / 93

第13讲 互动做得好，演讲成功一半 / 97

一、技巧提问，舒缓节奏，带动气氛 / 97

二、与听众互动 / 100

三、做一些小游戏 / 102

第14讲 营造"磁场效应",放大吸引力 / 105

一、讲有意义的别人才认同 / 105

二、通过"思想"传递"希望" / 110

三、找出演讲的"关键词" / 112

第15讲 演讲过程中,别让现场冷场 / 115

一、拿什么吸引听众 / 115

二、听你讲对我有什么好处 / 118

三、给听众观念之前,先塑造观念的价值 / 120

四、吊足听众的胃口 / 122

第16讲 用故事诠释观念永不落伍 / 125

一、讲故事需要预估时间和效果 / 125

二、故事要新颖 / 127

三、故事接地气,才能打动人 / 129

第四部分 演讲者的素养和修炼,观众看得见 / 133

第17讲 喜欢演讲,比演讲技巧更重要 / 134

一、兴趣是最好的老师 / 134

二、感兴趣了才会主动钻研 / 136

三、兴趣是做好演讲的最大动力 / 138

第18讲 演讲要既会"讲"又会"演" / 141

一、肢体语言的优势 / 141

二、巧妙利用肢体语言 / 143

三、肢体语言不是做作和小动作 / 146

第19讲 面部表情会传达你的内心世界 / 149

一、面部表情是内心世界的"晴雨表" / 149

二、最好的表情是自然 / 152

三、花心思训练表情的专业度 / 155

第20讲 演讲和听众都需要"感恩的心" / 159

一、演讲者用感恩带动听众 / 159

二、演讲是表达感恩的最好机会 / 162

三、感恩也需要学习 / 164

第21讲 演讲高手是"梦想制造师" / 168

一、用语言给听众心理刺激 / 168

二、听众不光是听，还要看 / 172

三、走心的演讲最能打动人 / 174

第22讲 演讲，离不开"爱"相随 / 178

一、"爱"是最好的语言 / 178

二、"爱"要说,还要"营造场景" / 180

第23讲 演讲的"三重境界" / 183

一、用"嘴"演讲 / 183

二、用"心"演讲 / 184

三、用"生命"演讲 / 186

第一部分 演讲，成为语言魔术师

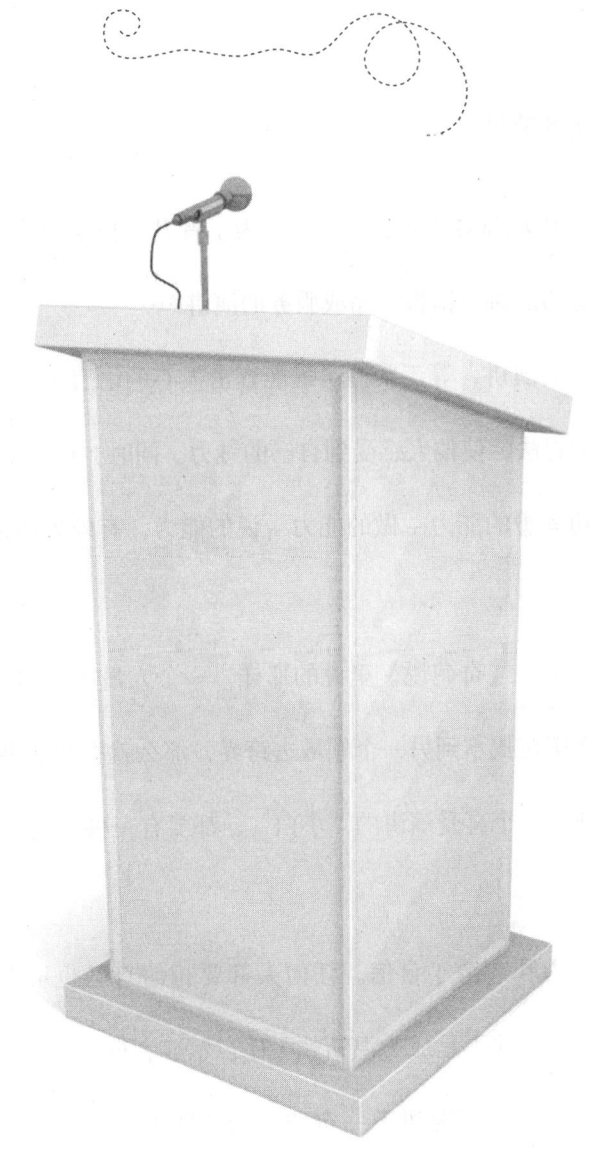

第 1 讲 哪类演讲家更受听众青睐

一、自信的演讲家

生活中,到处都需要演讲。比如,为了晋升的拉票演讲,为了给别人传达一种理念的演讲,销售产品或服务的演讲……

懂说话,会演讲,等于掌握了最能直击人心的语言力量。演讲可以充分表达自己的想法,使他人感受到自己的魅力。同时,成功也离不开演讲,一个人的成功=想的能力+做的能力+说的能力,有效表达是成功必不可少的本领。

如同罗振宇在《奇葩说》里说的那样,一个人最重要的能力就是表达能力,如果你实在找不到另一个领域去跨界,那么就去学演讲吧!

所以,任何一个喜爱演讲的"小白",都要有一种"我要成为演说家"的雄心壮志。

这样的雄心壮志源于自信。任何人都要相信自己也可以成为优秀的演讲者。你的目标并不是成为温斯顿·丘吉尔或者成为纳尔逊·曼德拉,而是成为你自己。你的演讲不一定非要激情四射,非要赢得观众雷鸣般

第一部分 演讲，成为语言魔术师

的掌声，对话式的分享同样会有效果。实际上，对大部分观众来说，对话式的分享会更好。如果你知道如何在饭桌上为一群朋友说话，那么你就知道如何发表公众演讲。

一个演讲者的自信可能来自得体的着装，也可能来自不俗的谈吐和气质，但在我看来，最大的自信还是来自内在的实力。比如，在演讲界里广为人知的"活雕塑"澳大利亚演说家尼克·胡哲先生，就是一位真正自信的演讲家。他用超乎想象的自信打破了命运的枷锁，从一无所有变成了一无所缺。

他的脸上永远挂着自信的微笑，他的眼睛永远闪烁着动人的光采，他的足迹遍布全球，他用自己的故事激励大家：再大的困境都能超越。尼克说："只有一次又一次的尝试，没有失败，没有失败者，相信你自己，你就能做到。"

尼克19岁的时候打电话给学校，推销自己的演讲。在被拒绝52次之后，他获得了一个5分钟的演讲机会和50美元的酬金。从此，他为自己的演讲生涯拉开了序幕。他，嗓音富有磁性，思路清晰，语言幽默，最关键的是，他有与众不同的人生经历与别人分享，能给人带来坚持下去的力量。在多年的磨炼当中，他具备了异常坚韧的心智和丰富的阅历。精神上的素养完全弥补了他肉体上的缺陷，并帮助尼克不断超越自己，最终取得非凡成就。

如今，尼克已经在全球34个国家发表过上千场演讲，每年要接到几万个来自世界各地的邀请。所有看过他的视频、听过他演讲的人，都无不

发自内心地信服这个曾被预言"永远得不到爱"的人。

当然，成为一个自信的演讲者，并不是一件容易的事。或者说，我们每个人都不是天生的自信者。这需要我们练习两种演讲方法。

其一，设定收听率。站在台上演讲，很多时候，明明玩手机的人只有那么几个，绝大多数的听众仍然认真地听我们说话，但对不自信的演讲者来说，台下再多友善的笑容他都看不到。他把全部的心思都用在那几个低头刷手机的人身上。这些演讲者会觉得，如果自己不能吸引听众抬头听我讲话，那么就代表自己今天的演讲是无效的，甚至是失败的。于是，他一边讲，一边看着少数不听讲的人，越看越没信心，越看越害怕。设定收听率就是要把眼光转到另外80%甚至60%的听众身上。这样，你对于自己的演讲，就会产生不同的看法。之前渐渐丢失的自信也会慢慢回来。

其二，正向解读。何谓正向解读？举个例子，演讲的时候某个听众睡着了。对于不自信的演讲者而言，他会对自己说："我一定讲得很无聊。"但同样的情况发生在自信的演讲者身上，他们只会认为"这个家伙昨晚一定没睡好"。再比如，演讲者在演讲的时候讲了一个笑话，结果全场没人笑，不自信的演讲者会认为自己的笑话不好笑，而自信的演讲者会认为听众幽默感不太好。虽然这种方法有自我安慰的成分，但是要排除演讲时的诸多干扰因素，这种心态是必不可少的。

演讲时，你展示了自信的魅力，就会成为一个受听众欢迎的人。

二、幽默的演讲家

我想大家一定都听过一些枯燥、无聊、让人昏昏欲睡的演讲。这些演讲不仅内容平淡，还缺乏笑料和亮点。而有的演讲，哪怕内容平淡无奇，却因为演讲者有一种"幽默"的特质，也能让全场充满笑声，大家听了意犹未尽。如何让一场枯燥无聊的演讲变得生动有趣，令人印象深刻呢？那就是演讲者需要具备的另一种能力——幽默。

幽默是一种智慧，看似意料之外却在情理之中；幽默是一种语言表达能力，有了这种能力，能让人捧腹后品味到语言的独特魅力。但是，在决定使用幽默之前，必须考虑自己的风格。有些人具有搞笑幽默的天赋，即使最蹩脚的笑料，他们也能通过安排字与字之间停顿的长短，说出令人捧腹的话语。而有些人，明明是非常棒的笑料，经他说出来却平淡无奇。

比如，英国教育家肯·罗宾逊的《学校如何扼杀创造力》是史上最受欢迎的 TED 演讲之一，观看人次超过 2000 万。他虽然没有使用标准笑话，但在演讲中使用了风趣的自嘲："我最近参加了一个聚会——而实际上，如果你属于教育领域，一般没人邀请你去晚上的聚会。"他在演讲中使用这种幽默，让观众会心一笑。

再比如，当代作家方英文在西安联大发表的《把美和愉快传染给别人》的演讲中有一段话：

"我自己不在乎我的白发，可我的白发给别人带来了不愉快，这说明

我的白发不是个人问题,而是社会问题、环境污染问题。于是我拿起镜子认真端详,发现我满头黑发如深夜的森林,唯独鬓角两处的白发格外刺眼,完全不是那种均匀分布的、常见的白发,极像是那些'先富起来的一部分人',难怪谁见了谁不舒服。我觉得大丈夫活在世间,如果因各种制约而不能造福广大人类,那就在有限而微小的范围内给人尽可能多的美感和愉快吧!"

他在讲了这段令人忍俊不禁的开场白之后,别出心裁地说起自己染发的原因。看似一番闲话,实则关涉题旨。如此富有幽默感的演讲语言,巧妙而又风趣,本身就能给听众带来尽可能多的美感和愉快,这正是幽默语言的独特艺术效果。

幽默不是与生俱来的,谁也不能一张口就妙语连珠引人发笑。大部分看起来侃侃而谈的演讲者,在台下都经过近乎变态的准备。幽默当然有很多技巧,对此,作为普通人根本不用上升到理论的高度。听相声、看脱口秀、阅读并学以致用就能终身受用不尽。但是如果平时不苦练,在演讲时前言不搭后语,准备好的演讲词都能忘掉,又怎么可能自如地使用幽默?所以,优秀的演讲都是有准备的。故事、结构、笑料、停顿、动作、表情等,都需要准备。

如果把幽默和演讲比作武功,那么我们即使练不成降龙十八掌的绝世武功,但也绝不能止于简单的三拳两脚。凡事预则立,不预则废。

第2讲 演讲家既要有"嘴上功夫"，更要有真实力

一、演讲出彩先要自带精彩

演讲者首先是个思想者。没有丰盈思想的人，说不出高水平的话。一个有鄙俗思想的人，说不出高雅的话；一个有邪恶思想的人，演讲的水平越高，对社会危害越大。当然，演讲家即使有了高尚的思想、深刻的理论、渊博的知识，如果不会表达，他的思想、理论、知识的影响力也会大打折扣。现实生活中很多人知识渊博，学问高深，就是因为不会完美表达，影响力非常有限。有的人即使能够表达，但因为没有激情，语言单调乏味，肢体语言和表情木讷呆板，依然没有很大影响力。所以，要想演讲出彩，先要自带精彩。

肚里有没有"货"，一开口就能得到验证。有的人说出来的话既好听又舒服，这是一个人内在真正实力的外在体现。

一个人能力的大小，可以通过很多途径来体现。演讲就是一个证明自己能力的重要方法。口才能力的强弱，在一定程度上代表了个人能力的大小，许多能力强的人同时也是一个优秀的演讲者！

演讲无非是将自己的思维和观点借由自己的语言对听众产生影响的过程。这个过程大致分为两个方面:一是晓之以理;二是动之以情。所谓晓之以理,是指通过适当的方式,将明白并且晓畅的人、事、物的道理,告诉听众;所谓动之以情,是指先搞懂听众的情感爆发点,将心比心、以情动情,达到演讲者想要达到的目的。

无论晓之以理还是动之以情,考验演讲者的都是个人实力,这个实力是既能把一件事情、一个道理讲明白,自圆其说,又能把一个故事、一个案例讲得入情入理。这样才是真实力的表现,更是一个人综合素质和综合能力的体现。著名的口才学专家、武汉大学教授李元授根据口才的特点,把好口才的内涵比作一座"金字塔":宽大厚实的塔底是知识积累,它包括知识储备、文化底蕴、思想理念、道德情操、人格修养、智能结构和心理素质等;塔身是思维和记忆能力,它包括思辨和联想能力、想象和观察能力等;塔顶则是口语表达能力和口才技巧。

在"金字塔"的三个层次中,知识积累、思维和记忆能力都属于内在素质修养,这些必须借助口语表达的能力和技巧才能够得到充分展示;而口语表达能力和口才技巧的提高,必须从知识积累、思维能力、素质修养等方面着手。只要这三个方面相互配合、相辅相成、相得益彰,好口才也就离你不远了。

优秀的演讲家,一般都是学识渊博的人。他在演讲的过程中不仅能旁征博引、妙语惊人，还能把生动、具体、精彩的事例轻松自如地组织到演讲中，将自己丰富的知识充分展示出来。

演讲是一个人整体素质的外化，可是仅有这些还不够。优秀的演讲者还要具备高尚的道德品质、敏锐的观察力，同时要具备良好的精神状态。对于一个优秀的演讲者来说，所有这些，都会在演讲中体现出来。因此，要想练就自己的好口才，就要在这些方面多下功夫，缺少任何一方面的修炼都会让自己的演讲出现纰漏。

二、成功的演讲离不开精彩的开场白

任何事情，好的开头代表成功了一半，演讲亦如此。演讲开场白精彩，演讲过程和结果也会受益。演讲开场白是演讲者向听众传播的第一个信息，是演讲者与听众之间沟通的第一座桥梁。

好的开场白是成功演讲的基础，因为这决定了 80% 的听众是否愿意继续听你说话。很多时候，听众对演讲者有潜在的对立意识，这种情绪来源于"我为什么要听你说"。他们这种潜在的对立往往在听那些没有大咖光环傍身的演讲者的演讲时更加明显。所以，一个好的演讲者不能没有好的开场白。那么，如何才能让你的演讲有一个引人入胜的精彩开场白呢？

首先，用悬念式开头吊听众的胃口。

某大学中文系主任在欢送毕业生晚会上的即兴演讲是这样开头的：

"同学们，再过48个小时，你们就要走出校门，踏上社会这个人生大舞台了。此时此刻，我有很多话想对你们说。我原来想说祝同学们今后一帆风顺，但仔细一想，这样说实在是不妥当。"

这段话把在场的师生弄得丈二和尚摸不着头脑。大家屏声静气，急切地想听下文。系主任却故意卖了个关子，他停顿了几秒钟后，清清嗓子说：

"不妥当之处就在于，说人生一帆风顺，是一个美丽而又空洞的谎言。人生漫长，你们今后必然要经历许多艰难曲折，一帆风顺的人生是不可能的，经历风吹雨打的曲折人生才是真正的人生。"

"一帆风顺"是人们离别时常用的祝福语，老师在此时将其送给毕业生并没有错，但这位系主任偏偏反弹琵琶，不按常理出牌，通过对常规祝福语的否定制造悬念，让听者陷入了急欲探个究竟的情绪中，当谜底揭晓时，学生们恍然大悟。老师这个开场白真可谓一言既出，举座皆惊！

其次，抛出问题让别人思考。

比如，一个演讲者上台的第一句话是"在座的各位，今天有没有想到个性？"我想任谁听到这句话的时候都会下意识地想一下，今天自己到底有没有想过呢？其实，答案不重要，这个思考的过程很重要。因为你已经轻而易举地被演讲者拉进了他设定的情节中。如果你想了，看看他接下来要怎么说；如果你没有想，那么心里会不会有点儿小得意——"我没想，我和别人不一样。"

这种开场白的技巧在于，开门见山地抛出一个大部分听众感兴趣的问题。那么，什么样的问题会让大部分听众感兴趣呢？首先话题要与听众的切身利益相关。例如，对一群渴望减肥的人说：你有没有想过自己轮廓分明的样子？对一群渴望升职的白领说：你想没想过自己成为领导是什么样？诸如此类，不一一列举。

最后，用新观点否定流行观点。

马云演讲的时候说过的几个观点值得借鉴。

"在我刚开始创业的时候，有人说，如果阿里巴巴能够成功，无疑是把一艘万吨巨轮从喜马拉雅山山脚抬到珠穆朗玛峰峰顶，我就要让他们看看我是如何把这艘万吨巨轮从珠穆朗玛峰峰顶抬到山脚下。"

"我们家保姆，我给她1200元，杭州市场价800元。她做得很开心，因为她觉得得到了尊重。而那些高层，他们月薪有四五万元，即使给他们加一万元、两万元，他们也不会感到满意。但是你给广大员工增加一些收入，那么士气会大增。"

"阿里巴巴公司不承诺任何人加入阿里巴巴会升官发财，因为升官发财、股票这些东西都是你自己努力的结果，但是我会承诺你在我们公司一定会很倒霉、很冤枉，干得很好领导还是不喜欢你，这些东西我都能承诺。但是你经历这些后出去一定满怀信心，可以自己创业，可以在任何一家公司做好。你会想：'因为我阿里巴巴都待过，还怕你这样的公司？'"

演讲中说出这些创新、颠覆的观点正好否定了流行的观点。这种方法为马云的演讲增添了魅力。

当然,"开头无定局",能让你的演讲出彩的开场白还有很多,但不论怎样开头,要想在第一时间紧紧抓住听众的心,就必须力求契合主题,新颖别致。

以上几种开场白方法仅仅是千万种开场白方法中的一小部分,但如果能将其灵活运用到平时的演讲中,相信一定能让你的演讲更加精彩!

第3讲 演讲不是展示自己，而是帮助别人

一、听众只在乎"你能带给我什么"

人的需求是多种多样的。除了精神需求，自我提升的愿望外，很多人也会有种种利己的考量，有物质方面的需求。很多人在做一件事之前，很自然地会想这样一些问题："这件事情对我有没有好处？""这件事情对我有什么帮助？"如果你的演讲仅仅是为了娱乐听众或者销售自己的产品，那就很难让人关注你。可是，如果你通过演讲能够让听众有所收获或者满足听众的需求，那就不一样了。

很多演讲者之所以会失败，不完全是缺乏充足的准备，有一部分原因是听众对于与自己无关的演讲缺乏兴趣，这种情况在某些形式主义的讲话场合十分常见。听众往往关心的是自己所感兴趣的内容，有的听众甚至只关心那些与自己切身利益密切相关的事情，例如，只关心好处、有利可图等。因此，要想引起听众的注意，就要注意听众的兴趣和利益，无论是哪种类型的演讲，都要从听众的角度进行精心选择和设计，都要满足听众"对

我有没有帮助"的需求。

要想成为优秀的演讲者,就不能总想着自己,所有的听众都只在乎和自己相关的东西。有一些演讲者,比如,开会的领导,他们之所以很难发表有效果的演讲,就是他们在讲他自己感兴趣的东西,却误以为听众也喜欢,实际上听众永远只关心和自己相关的东西。

所以,了解听众的真正需求,是非常重要的事情。如果一个演讲者能做到这一点,即使是没多少新意的演讲,也会受到听众的欢迎;如果做不到这一点,再好的演讲也有可能以失败告终。以销售演讲为例,能让别人感兴趣的演讲该从哪些方面入手呢?

1. 能够为客户解决问题

透过现象看本质,客户真正需要的是什么?客户向你购买商品是要解决哪些问题?千万不要围绕着产品做文章,一定要围绕着问题做文章。请思考一下,客户向你购买商品的真正原因是什么?你帮助他解决了哪些问题?把这些提前列出来,在你准备的PPT里体现出来。让客户和你产生共鸣,甚至唤醒客户沉睡的需求,永远只给客户想要的,而不是只给自己想给的。

2. 让客户感觉占了便宜才是聪明的

人们大多不喜欢便宜货,但是不少人都喜欢占小便宜。如果你能够满足这些人占小便宜的心理,那么成交自然水到渠成。试想一下,你的产品,如何能够让客户购买后觉得自己捡了一个大便宜，或者说，你的销售演说怎么能勾起某些听众占便宜的心理，从而让他们产生购买的冲动？

3. 让产品给客户带来神秘感

人们对熟悉的事物习以为常，对新鲜和未知的事物则有尝试的欲望。如果销售人员能把一个产品说得具有神秘感，便会勾起人们的好奇心。在营销过程中，一套降龙十八掌，你只给客户露五掌，客户就会对剩下的十三掌产生好奇；如果前五掌客户受益的话，他就会愿意掏钱购买剩下的十三掌。换句话说，如果你把十八掌一下子全亮给客户看了，这时候，客户并不一定会向你购买，因为他可能已经失去继续探知的欲望了。

4. 你能够帮助客户实现梦想

每个人心里都会有梦想。如果上面讲到为客户解决问题，满足的是客户实际需求的话，那么实现客户梦想则是客户的心理需求。真正的销售高手，是先找到客户的梦想和渴望，对症下药，给予客户相应的回应。然后根据客户的需要提供产品和服务，而不是一味地推销产品。

作为演讲者不是要告诉听众什么是事实，而是必须把他们需要的利益讲清楚。你要让听众知道，你买螺丝钉，不是仅仅为了得到这颗螺丝钉，而是为了用螺丝钉去匹配那个螺帽。一支笔，有笔芯（事实）可以替换，你就不用再灌墨水（利益）了。弄清楚事实和利益之间的联系，这才是一个演讲者应该努力改进的地方。

二、少讲自己"想讲的",要讲别人"想听的"

展开这部分内容之前,我们先看一个故事,这个故事会告诉我们什么是"别人想听的",什么是"自己想说的"。

一位老太太去买菜,路过四个水果摊。四家卖的苹果品相相近,但老太太并没有在最先路过的第一家和第二家买苹果,而是在第三家买了一斤,更奇怪的是她在第四家又买了两斤。

1. 摊主一

老太太去买菜,路过水果摊,看到卖苹果的摊主,就问道:"苹果怎么样啊?"摊主回答:"我的苹果特别好吃,又大又甜!"老太太摇摇头走开了。

这个摊主,充其量是个王婆,自卖苹果,自夸香甜,这就是他想说的,而没有探寻老太太的真实需求,不知道老太太想听什么,所以无法达成买卖是肯定的。

2. 摊主二

老太太又到第二个摊子,问:"你的苹果什么口味的?"摊主很真诚地回答:"早上刚到的货,没来得及尝尝,看这红润的表皮应该很甜。"老太太二话没说扭头就走了。

这位摊主诚实有余,对产品信心不足,既没敢说自己想说的,也没找到客户想听的。这位摊主应该做一个自信从容的产品代言人,自己没有对产品的亲身体验,所以也说不出自己对产品真实和详细的感受,而真实的体验才是卖点。销售人员对产品的描述模棱两可，客户更不会放心。所以，客户没有听到她想知道的东西，只能扭头就走。

3. 摊主三

旁边的摊主见状问道："老太太，您想要什么苹果，我这里种类很全！"

老太太："我想买酸点儿的苹果。"

摊主："我卖的这种苹果口感比较酸，请问您要多少斤？"

老太太："那就来一斤吧。"

这位摊主较前两位摊主有进步，首先学会用询问来发掘客户的需求，迈出了销售中最有效的一步。但是客户只说了一点儿自己的需求，而摊主没有深挖背后的动机，属于客户自主购买，那摊主的销售量肯定无法实现最大化。

4. 摊主四

这时老太太又看到一个摊主的苹果便去询问："你的苹果怎么样啊？"

摊主："我的苹果很不错，请问您想要什么样的苹果呢？"（用询问来探究客户需求）

老太太："我想要酸一些的。"

摊主："一般人买苹果都是要大的甜的，您为什么要酸苹果呢？"（继续用询问探究更深的需求）

老太太："我儿媳妇怀孕了，想吃点儿酸的苹果。"

摊主："老太太您对儿媳妇真是体贴啊，将来您儿媳妇一定能给您生

一个大胖孙子（适度恭维，拉近距离，这是老人最爱听的话）。几个月以前，附近也有两家要生孩子的，她们常来我这里买苹果（用案例说话，让客户信任）。您猜怎么着？这两家都生了儿子（营造情景，给予老人想象）。您想要多少？（把握成交时机，直接让客户成单）

老太太："我再来两斤吧。"

老太太被摊主说得高兴了。摊主又为老太太介绍其他水果。

摊主："橘子也适合孕妇吃，酸甜，还有多种维生素，特别有营养（连单销售，不声不响把竞争对手的机会占了）。您要是给儿媳妇买点儿橘子，她肯定开心！"（愿景引发）

老太太："是吗？好，那就来三斤橘子吧。"

摊主："您人可真好，儿媳妇摊上了您这样的婆婆，实在太有福气了！"（适度地拍马屁，说人想听的话，既销售了产品，又揽住了客户，起到了一箭双雕的作用）

摊主称赞着老太太，又说他的水果每天都是几点进货，天天卖光，保证新鲜，要是吃好了，让老太太再过来。（建立客户黏性，从新客户发展成老客户）

老太太被摊主夸得开心，说："要是吃了好，我让朋友也来买。"说完提着水果满意地回家了。

这个故事就是一个很典型的如何说话的案例，真正的演讲也是这样，多讲别人想听的，少说自己想说的。多用"你""你们"，尽量少用"我""我们"。

美国前总统林肯说过："当我准备发言时总会花 2/3 的时间考虑听众想听什么，而只用 1/3 的时间考虑我想说什么。"我们都知道打仗要知己知彼，方能百战不殆。任何一场演讲，成功的关键都在于听众对演讲内容的接受程度，因为听众才是这场演讲的中心人物。无论何时何地，演讲者都要修炼一种能力——洞察人心，知道别人想听什么，然后对症下药，就会收到不一样的演讲效果。

第4讲 演讲需要激情，场面需要引爆

一、激情是演讲现场最好的兴奋剂

我们经常看到一些演讲者在台上精神饱满地演讲。他们要么侃侃而谈，激情四射；要么声泪俱下，表演夸张。有人称之为"洗脑""打鸡血"。事实上，这样的演讲在一些"伪成功学"演讲者中颇为常见。他们经常自以为是地传播一些他们自己都不愿相信的理念。

演讲需要激情，但这种激情不是"打鸡血"，而是一种情绪的力量。听众喜欢的是内心充满正能量、声音饱满、态度鲜明、拥有个人化传奇故事的演讲者。

被誉为"魔术之王"的塞斯顿认为自己的成功经验有两条：一是懂得人情；二是对人有真实的感情。每次上台演讲前，他都反复对自己说："我爱我的观众，我将尽力把最好的给他们。"

如果一个演讲者对听众没有兴趣和热情，在演讲过程中就无法掩饰这些负能量。有了对听众的热情与演讲者强大的自信才可以转化为充满能量的激情。

在演讲中，我们应该采用"热情+激情"这个有效的方法，运用情感

第一部分 演讲，成为语言魔术师

的力量去感染听众，充分唤起听众与演说者的心理共鸣。

很多大师级别的演讲家，如领袖人物、宗教专家、思想家、企业家的演讲，之所以给人留下深刻的印象，是因为他们凭借着两点：一是实实在在的干货①；二是带动所有人的激情。也许他们的演讲艺术不一定有多高，但因为讲的东西非常实用，能够实实在在地解决听众思想中或者实践中的问题，所以受到听众的欢迎。作为普通的演讲者，如果缺乏超强的干货，那么就要拥有另一种强大的感召力——激情。有激情的老师，带动力强，举手投足间散发着一种热情，会感染听众，也容易受听众欢迎。

所以，演讲者应该追求：既要在内容上接地气，也要有实际干货，更要有激情。三者相结合，带着激情去表达，才能让演讲产生实效。

"打鸡血"式的演讲让我们联想起遍地开花的成功学讲坛、无孔不入的传销以及见缝插针的保健品销售。这些更像是洗脑大会，台上的讲师振臂一呼，台下听众一呼百应。

这些都不是真正的演讲，站在台上的人根本不在乎逻辑，对他们来说，讲得对不对不重要，重要的是，让听众听到坚定无比的声音，他们就会心满意足。聆听演讲的人，渴望得到简单、速成的答案，这正是"打鸡血"式的演讲得以盛行的基本原理。

好的演讲是言之有物，并不是现场三分钟的集体无意识，跟风喊口号，

---

① 电子商务术语，通常指电子商务从业工作者发表、分享的一些关于网络推广、网络营销工作知识经验和工作方法的文章，这些知识和方法实用性比较强，没有含水和虚假成分。现在该词已延伸至各行各业使用，可用于表示某人传授的知识、方法、技能等比较重要或比较实用。

而是演讲者以自己的三观做担保,将自己的思想和能量传递给听众,让听众相信并因此受益。

所以,演讲者的激情不是口若悬河,不是声调高几度,而是用一种平缓有力的语调来传达自己的思想和价值观,能够让听众在聆听的过程中与演讲者达到一种心灵共振。

二、调动听众情绪,形成互动磁场效应

说到演讲,无非是把有价值的信息传递出去,然后达到把自己的产品或服务销售出去的目的,或取得让听众认同自己理念的效果。但是今天,大部分演讲都不能流畅地传递信息,说服听众,这个问题估计全球平均每天都要发生千万次。之所以出现这样的状况,是因为绝大多数商业演讲变成了密集地向听众单向传递信息、传达数据的过程,这根本不是交流,更不会说服听众。因为,好的演讲可以调动听众情绪并能积极互动,让听众在激情互动和参与中产生磁场效应。

一次,著名的推销员罗伯尼去美国的一所大学演讲"成功术"。他从减肥话题拓展开来,着重论证了"事在人为"的道理,得到了听众的认可。他说:"站在你们面前的这个人,156磅重,但他曾经不是这样,而是一个重达207磅的'圆球'!这充分证明了:假若有人需要减肥的话,其实是一定能办得到的。因为我罗伯尼做得到的,相信你们也一定能做得到!"

此话一出，每个人都翘首以待他的"减肥秘诀"。

演讲者在演讲时，如果能让听众参与其中，同自己互动，那演讲的效果一定会很不错。

在演讲中，千万不要期待听众和你一样心潮澎湃，你必须不断地调动听众的情绪才能达到听众与你互动的效果，这需要你能够满足听众的内在需求。不管你的话题多么有价值，甚至能够让人延年益寿，能救人性命，但要让听众相信，仅凭你个人的热情是不够的，你必须让你的听众热情起来。若要在演讲中与观众产生互动，最核心的一个字就是"问"，怎么问，问什么，是演讲者要考虑的问题。

首先，问"是""对""好"之类的问题。

演讲者提出的问题，一定要让听众说"是""对""好"，目的是让听众不断地认同你的观点和演讲的内容，只有听众认同你的观点，演讲现场才会"活"起来。

例如，一个家庭教育类的演讲，演讲者可以问："亲爱的家长，你觉得孩子拥有责任心重要吗？觉得重要的请举个手。""一个有责任心的孩子，有助于孩子的学业和未来职业的发展，各位家长觉得是还是不是？""孩子孝敬父母，首先要让孩子觉得许多东西不是父母应该给他的，而是要他用双手劳动才能得到的，让孩子自己去承担一些事情，对还是不对？""假如让孩子拥有责任心，从此不抱怨，你们觉得好还是不好？"

这样的问题，听众一定都是回答"是""对""好"的。听众认可了你的观点，后续的演讲就会轻松许多。

其次，问利他的问题。

比如，讲一场关于家庭教育公开课，想要向听众推销自己的课程，演讲者可以站在观众的角度问："优秀的父母，如果有一个系统的课程可以帮助孩子提升英语能力，让孩子学习更轻松，你们觉得好不好？"（家长肯定会说"好"，因为你的发问角度是在帮助他）"如果让孩子每周仅仅抽出3个小时时间学习，就能让孩子拥有不错的表达能力，好不好？"诸如此类的问题都是利他的，站在听众的角度，你不断地提出利他的问题，听众不认同你都难，现场的气氛自然就热烈起来了。

所以，调动听众的情绪以及现场的氛围，最核心的方法就是问听众肯定能回答"是""对""好"的问题，问有利于听众的问题，让听众与你产生共鸣，才能让听众参与你的演讲并认同你的演讲。

第5讲 演讲不是"讲话",是"讲故事"

一、挑选能引起共鸣的故事

一些令人叫绝的演讲,通常都是以分享故事为切入点,然后用富有感染力或号召性、启迪性的话语结尾。想让演讲不变成陈词滥调,首先应该了解,演讲不是"讲话",而是"讲故事"。

有位演讲者一上场,就给听众讲了一个《风与木桶的故事》:

一个小男孩为父亲看守木桶。第一天小男孩把木桶擦得干干净净,整整齐齐地摆放好。第二天早上令男孩生气的事情发生了:木桶被风吹得东倒西歪。父亲让他往每只木桶里倒一些水。第三天,小男孩惊喜地发现,木桶还是整整齐齐地摆放在原位。小男孩恍然大悟,对父亲说:"木桶要想不被风吹倒,必须加重自身的重量。"父亲满意地笑了。

讲完这个故事,演讲者提出了问题:"在座的每一位,您从这个故事中得到了什么启发呢?"

现场回答五花八门。有人说,真正的强者不仅能在风中站立,还能用自己的力量改变风向;有人说,改变别人不如改变自己;也有人说,要想

改变命运就要让自己变得强大……有了这个故事的引导,听众的思维开始活跃,回答问题、参与互动的积极性一下子就被调动起来了。

演讲者接着说:"要明确'木桶''风'和'水'的比喻意义或象征意义。'木桶'可指个人,也可指某个群体;可指一个企业,也可指整个国家和民族。'风'指不利于个人、群体、企业、国家、民族发展的因素,如困难、挫折、社会上的不良风气等。'水'指能增强个人、群体、企业、国家和民族等的实力和竞争力的事物。一个企业要想赢得广阔的市场,不被激烈的市场竞争淘汰,必须提升自己的竞争力。"于是他由此展开了本场演讲的主题:"企业的竞争力在哪里"。

这位演讲者的高明之处在于:首先,以故事开场,自然能激发听众的兴趣,让他们将注意力集中到演讲者的演讲内容上;其次,故事讲完他就开始提问,让听众回答和讨论,引起听众参与的兴趣。当然故事一定要与演讲主题相符,不能离题万里。

听众听演讲,更愿意通过听故事以事喻理,而不是光听说教和道理。一个会讲故事的演讲家,才能引起听众的共鸣。当然,讲故事也需要技巧,不能为了讲故事而讲故事。对于一件事情、一则新闻,可以有很多解读方式,演讲者可以有很多不同的观点,选一个自己要讲的观点,集中阐述,选择一个故事背景,通过分享事例、经验,把这个观点贯穿在整个演讲过程中。

向听众灌输的观点需要建立在他们的知识基础之上，运用语言的力量，把听众心中已有的知识和概念与你要表达的观点联系起来，从听众的角度出发，基于听众的认识阐述问题。永远记住：你的听众有不同的年龄、不同的职业、不同的认知水平，请你试着把问题描述得通俗易懂，由浅入深地建立逻辑关系。同时，通过演讲传递一个观点，你心目中的受益群众是谁？你的观点是否能让他们接受，并给予他们充分的理由分享给身边的人。

一个好的故事、好的观点，其分享的结果不会停滞于你演讲的十几分钟内，而是能走得更远。好的演讲，能对人产生深远的影响。

二、故事要精心准备和对应场景

许多演讲者都很苦恼，明明准备了不少故事，可到了台上，就忘得一干二净，还会有些怯场，拿着话筒不知道讲什么，或者讲的故事像流水账一样，导致的结果是演讲者讲得毫无意义，听众也丝毫没有被触动。

讲故事是演讲成功的核心，但能否选一个好故事来打动听众是核心中的核心。演讲时运用的故事也要精心挑选和对应场景，那样的故事才是好故事。听故事是每个人都喜欢的，尤其是那些和生活相关的故事，会立刻引起听众的注意。演讲者如果能抓住人们渴望听故事的心理，恰当而又适时地讲述一些与生活相关的有趣故事，会使混乱或呆板的演讲现场马上活

跃起来,听众的注意力也会被迅速地集中到演讲内容上。

例如,一个号召大家给贫困儿童捐款的演讲,如果单单说一个数据或举一些实际案例并不能有效打动听众,但是如果把贫困地区的孩子们的经历讲成一个个动人又凄凉的故事,或者播放一段真实的纪录片,听众往往会被打动。这就是故事的力量,它比讲道理更能打动人。

有一次,我们团队去西藏做公益活动,发现了一个贫困地区的小学,孩子们的生活条件非常艰苦,很多孩子脚上穿着的都是破旧的鞋子,有的鞋子上面甚至还打满了补丁。当时我们一行人财力有限,给这些孩子帮助不多。回来以后我们决定搞一场公益演讲为这些孩子募捐。我们把在西藏贫困学校拍摄的视频做成了PPT,然后又讲了一对姐弟风雪中艰难上学的情形,这感染了现场所有的听众。大家纷纷慷慨解囊。

如果演讲者不是用心准备好符合场景和演讲主题的故事,而是直接讲贫困地区的孩子是多么可怜,场面一定会尴尬无趣,听众也很难被感动。

所以,精心准备、符合主题的故事为演讲赋予了生命,并能够使演讲者和听众之间的联系更加稳固。这样的故事使事实更易于被人们接受,使呆板的形象和模糊的概念变得更亲切。它是演讲者与听众之间建立联系的重要媒介。

好故事会让听众落泪,或者能感染在场听众,他们听完会受到震撼。

所以，演讲者分享的故事要让听众感同身受，方能取得预期的效果。

每一名优秀的演说家都是从普通演讲开始的。普通与优秀之间有时候只是一个会讲故事、一个不会讲故事的差别。所以，演讲者要学习怎样去发展并利用好讲故事的才能，使演讲的主题更有故事性和感染力。

第 6 讲 演讲家的三个关键要求

一、从"实":态度决定演讲效果

"实"代表真实、实在、实事求是。没有一个人会对虚伪、做作的言辞感兴趣,包括演讲者本人。因此,一个好的演讲者首先要明确:在准备演讲时,决不可因过分注重技巧而不顾事实。尤其不要堆砌华丽的辞藻和拼凑毫无意义的内容,而是要把好的思想和生活经验,以及藏在自己内心深处的正确价值观整理好贡献给听众。真实而不空泛虚假的内容人们都会欢迎和被听众接纳的。

演讲者的从"实"态度,首先要说别人听得懂的语言!演讲者所讲的内容要能抵达听众的内心。怎么才能抵达听众的内心?演讲者如果把自己放在高高在上的位置,那就只能从听众心目中跌落下来,根本不可能拉近自己和听众的距离。演讲者如果张口大道理,闭口大智慧,能说服听众吗?显然不能,这只会让听众反感。

演讲追求的"实",就是演讲者不要把自己摆在一个非常高的位置去面对听众说教;不以喊口号的方式让别人爱国、让别人树立远大理想,而是要

第一部分 演讲，成为语言魔术师

通过讲实实在在的事让人恍然大悟，这样，听众就很容易信服你。

关于《苏格兰独立公投》的演讲是值得借鉴的。

在苏格兰独立公投之前，民意调查显示支持独立的苏格兰选民居多。但最终让反独派在公投中获胜的，是公投前夕英国社会各界人士的积极游说，其中，更关键的，是公投前三天时任英国首相戴维·卡梅伦做的最后一次演讲。演讲中，卡梅伦情绪激动，几近哽咽。虽然他手里有一份事先准备好的演讲稿，但大多数时候卡梅伦总是直视台下的听众，动之以情，晓之以理。字里行间他不断地"指出"并"强调指出"苏格兰独立的种种弊端，但从头至尾没有官话、套话、空话，没有国家最高领导人的居高临下，更没对支持独立的苏格兰民众进行批评教育、严正交涉、强烈抗议……

卡梅伦说："此次公投，已再无退路。如果苏格兰人投YES，那我们便会从此分道扬镳。独立会终结一个国家……一个我们称为家的地方。一旦独立，家破，国亦不在……

独立不是一次短暂的分居试验，而是一次永久的痛苦离婚。不再有英国养老金，不再有英国护照，不再有英国的英镑，不再有一个统一的保护自己的军队，在外旅游的苏格兰人不会再得到英国大使馆的保护……我们的边界将成为国界，不能再随意跨越……

从我们内心、头脑到灵魂最深处都希望你们留下，请不要弄混了'暂时'和'永远'的关系，请不要因为你不喜欢政治而选择离开我们。如果你们

不喜欢我，我不会永远在这里；如果你们不喜欢这一届政府，这一届政府也不会永远在这里，但是你们选择独立，那就是永远了……"

看完这个故事，我相信即使一个什么都不懂的局外人，也会被卡梅伦充满人情味的演说打动，更不要说当时身在现场的包括苏格兰人在内的听众。公投的最终结果表明，大多数苏格兰民众投的既是对苏格兰独立的反对票，更是对卡梅伦的支持票。这再次证明了卡梅伦此次演讲的成功。卡梅伦的演讲之所以能够打动人心，并不是他的语言多华丽，而是他实事求是地讲出了民众担心的问题。

演讲是人与人之间的交流，人与人之间的交流离不开讲实话、讲真话。否则，自己说着乏味，听众听着也别扭。如此演讲，效果可想而知。

二、从"技"：技巧影响演讲效果

美国著名演讲家罗杰斯说过："演讲技巧是一切演讲的伴侣。多了不多，少了也不少。"演讲技巧，是演讲爱好者必须学习和锤炼的技能。要想成就一次精彩的演讲，掌握一定的演讲技巧是非常必要的。

我国著名学者周谷城在《演说精粹系列丛书》的总序中写道："一篇好的演说，或事实有据、逻辑严密；或慷慨激昂、豪气凌云；或声情并茂、引人入胜；或机智幽默、妙趣横生；或数者兼而有之，是以使人坚定对崇高理想之信念；是以使人增加知识，明白道理；是以动人心弦，催人奋发；

是以使人欢乐，得到美的享受。"

当然，出色的演讲家不是一朝一夕就可以练成的，通过对一些演讲小技巧的学习却可以在短期内使自己的演讲水平有所提高，尤其是对于那些在演讲比赛前夕临阵磨枪的选手来说，效果会更好。

演讲者除了上场前的准备工作之外，演讲过程中调动全身心的注意力，做到不让观众分散注意力也非常关键。对于演讲者而言，应该具体注意哪些问题呢？

1. 目光上的技巧

演讲者的目光到哪里，影响力就到哪里。事实上，无论演讲者讲得多好，演讲现场都难免会有人交头接耳，这时如果演讲者置之不理，这些人可能会影响其他人的听讲效果。此时，就需要演讲者将目光移到他们身上，面带微笑地对着他们，他们很快就会感到不好意思，进而安静下来。

2. 声音上的技巧

为了使演讲产生好的效果，演讲者要不时地调整语音、语调、语速、节奏等。例如，演讲者声音突然提高一个八度，很可能会让开小差、打瞌睡的人惊醒，然后认真听讲；或者突然降低音量，现场会慢慢安静下来，交头接耳的人也会停止讲话。

3. 动作上的技巧

演讲中用动作控场主要体现在大的动作、肢体语言上。大的动作可以很快重新集中听众的注意力；肢体语言一般用于提醒开小差、打瞌睡的听

众,如轻拍肩膀等,既不得罪人,又可以对现场进行很好的控制。

4. 内容上的技巧

在演讲中,面对听众不耐烦的情形,演讲者需要对内容进行调整。例如,理论效果不好,就多举实例;这方面内容不吸引人就换另一方面的内容,或者提前结束演讲。

5. 对话上的技巧

一般对话是指演讲者与现场听众的对话,与听众共同驾驭整个现场。例如,一位听众的手机突然响起,演讲者可以说:"这个手机音乐非常赞同我的观点,我们用热烈的掌声鼓励一下!"接下来,其他听众的手机基本上就不会再响了。如果演讲者置之不理,其他人的手机可能还会响,这样就会影响演讲的效果。

6. 结尾的技巧

演讲的结尾,就是演讲的"收口""点睛"。美国作家约翰·沃尔夫认为"演讲最好在听众兴趣未尽时戛然而止"。意思是,最好在演讲达到高潮时果断"刹车",以此来强化听众的最佳印象。拿破仑说过:"兵家成败决定最后五分钟。"我们同样可以说,演讲的成败在相当程度上取决于演讲的结尾。这是因为,如果演讲者设计的演讲开场白和高潮很精彩,再有一个出人意料、耐人寻味的好结尾,那么,就如同锦上添花,会给听众带来一种精神上的愉快和满足。相反,如果演讲者设计和安排的结尾没

有新意且平乏无力，没有激起波澜且内容陈旧庸俗、索然无味，那就会使听众深感遗憾，失望而去。

因此，演讲的结尾要比开头和主体部分要求更高，内容要更有深度，语言要更有力度，方法要更巧妙，所讲的道理要更耐人寻味。演讲的结尾是走向成功的最后一步，它在整个演讲中起着不可忽视的重要作用。

三、从"心"：尽可能多地了解听众

人人都懂得在演讲的时候要"了解和分析听众"，这是一个常识，但是会有不少人忽略这一点。特别是在相同场合进行了很多次演讲后，更容易忽略分析听众。事实上，"分析听众"是一场成功演讲不应该忽略的环节。

比如，面对不同的听众，你要准备的演讲风格就要不同。你的听众是一群孩子，还是一群学者？你所要进行的是一场商业演讲，还是一场学术演讲？听众不同，所用语言也不同。要想成为一位好的演讲者，你不但要知道来听的是谁，还要清楚他们来听的目的是什么。你的听众大概有多少人？知识水平和结构如何？年龄分布以及性别比例如何？更为重要的是他们对你所讲主题的背景了解多少？听众如果对演讲的背景并不了解，或者听众知识结构以及个人背景有很大的差异因而对演讲的理解层次不同，就是对演讲人的极大挑战。这就要求在进行演讲内容设计时要充分考虑到这些情况，并为背景介绍留下应对到场听众的余地和可能出现的问题。

如果是给孩子们演讲,语言相对要轻松活泼、通俗易懂,不要太深奥,也无须引用过多事例或名人名言。在有限的演讲时间里,尽量让孩子们一听就懂。反之,听众如果是学者或高级知识分子,那么所讲出来的语言就不能太过口语化,家常大白话在学术演讲中会显得不合时宜。

提前了解听众也有助于弄清楚他们来听讲的目的。听众来听演讲无非是以下几个原因。

1. 不得不来

有一类听众不是自愿来听演讲的,而是因为组织规定、公司纪律,他们不得不报个到、凑个数。这种演讲常见的有工作报告、经验交流、文件精神学习,等等。这类听众大部分对演讲不感兴趣。这种情况就对演讲者的台风和语言提出了更高的要求。如何让不感兴趣的人感兴趣,演讲者必须具备高超的演讲技巧。

2. 捧场而来

在开业庆典、周年纪念、颁奖典礼上,来者大多是捧场的。这时,演讲者切莫搞那些一本正经的宣传或冗长的发言,不如选一些轻松的话题,简短地演讲,以显示自己的幽默、平易近人、真诚。

3. 求知而来

如果听众希望从演讲者这里学到知识,那么演讲者只需要让自己的演讲主题鲜明、条理清晰、内容充实,那么听众一般不会过于挑剔演讲技巧。

4.存疑而来

如果听众对自己渴望了解的演讲话题很感兴趣，例如，调整工资、新项目介绍，等等。此类听众只要求演讲者把有关内容交代清楚，而对演讲者的身份、地位和水平则不会有苛刻要求。

由此可见，搞清楚听众想要什么，才能从根本上做好一场演讲。每场演讲的目的必须明确，或是解答听众心中的某种疑问，或是满足大家的一些需求。因此，演讲内容最好与大家最关心的热门话题相关联。演讲内容的选择有两个基本要素：一是自己想讲什么；二是听众关心什么。这两个要素同等重要。如果只关注自己想讲的内容，就有可能成为宣教，不容易抓住听众的注意力，更难影响他们的认知。如果只想迎合听众，则不一定能达到设定的目标。最好是将自己想讲的与别人想听的内容有机地结合起来，形成共鸣。

第二部分 讲台是战场,不打无准备的仗

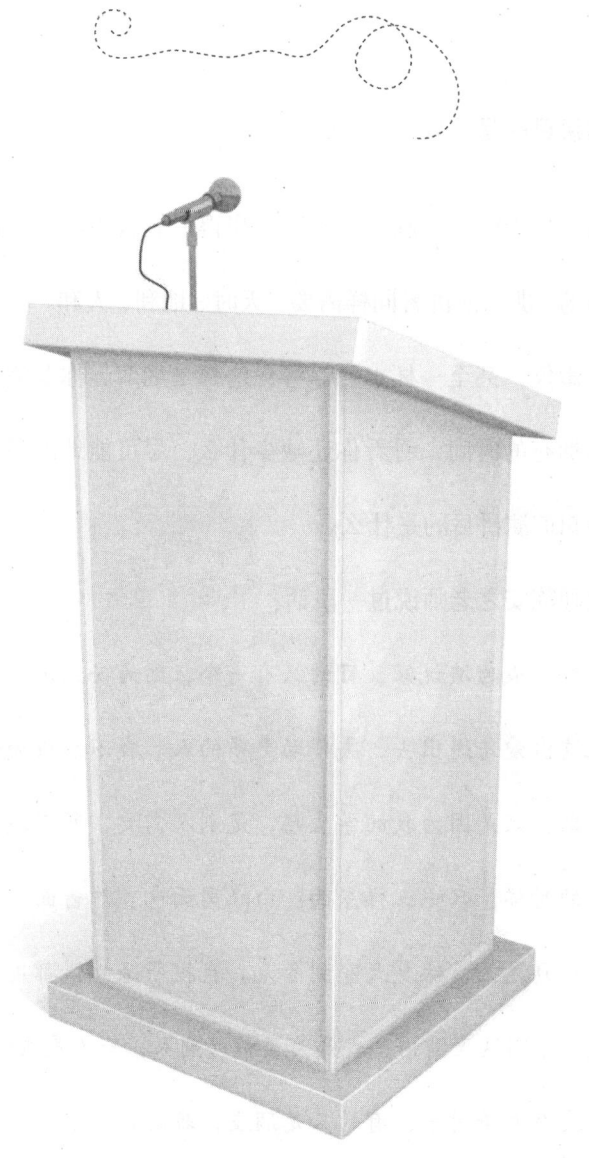

第7讲 演讲前，给自己列"问题"

一、演讲目的是什么

古人讲，"天时、地利、人和"是赢得一场战役的关键因素。如果把演讲比作战场，那么演讲者同样需要"天时、地利、人和"。比如，麦克风、扩音器、投影仪，甚至一杯水，等等，这都是细节。你要完全明白演讲的流程和你所拥有的时间，看看你还缺少什么，尽可能地准备充分。最关键的是，你要知道演讲目的是什么。

演讲大师陈安之老师说过一段话：

"我之所以成为演说家，目的只有一个，因为安东尼·罗宾帮助我成功，我要把这份爱传递出去，去帮助更多的人。我不想成为亿万富翁，不想开劳斯莱斯；只是因为我的学生想，是别人需要，所以我就要先做到。曾经我创业的时候，只吃三样东西：白吐司面包、炸酱面、矿泉水，一套西服从冬天穿到夏天，从夏天穿到冬天。我把所赚的钱都用来投资脑袋。这让我今天能站到这里演讲，我是为了帮助别人，而不是成就自己。所以，我的生命中没有竞争对手，有的只是朋友，我的目标不是超越别人，而是

激励所有人。我的目标不是成为第一,而是教别人成为第一。全天下所有的人都可以上我的课程,包括同行的人,包括竞争对手,因为我的课是帮助别人,而不是把别人比下去。别人可以说坏话,别人可以说我负面,但一定不会从我的嘴巴讲出,因为我是一个有爱心的人,我是一个感恩的人。我们要把学习提升一个档次,疯狂地努力,不是为了自己,而是为了别人。我之所以演讲25年,并一直做下去,因为我从来都不是为了我自己。我所有的成就都离不开我的老师安东尼·罗宾。我对他无比地尊敬、感谢。他改变了我的一生。所有我的学生,请你用最好的结果把成功的方法传播出去,来证明成功学是有效的,如果别人问成功学是什么?只有一个字:'爱'!"

这段话曾经非常打动我,我看到了陈安之老师对于演讲的追求,往小了说,他的演讲目的就是带动更多的人,帮助更多的人。

演讲无论是宣传自己的观点、主张,或是传播道德伦理情操,还是传授科学文化知识和技艺,都是为了让听众同意自己的主张、观点和立场,达成共识,并在此基础上激发听众以实际行动向着理想迈进。一句话,通过台上几十分钟的演讲,让现场几千人焕发出力量,这种力量可以直接产生无限大的产值。这就是一个演讲者要达到的真正目的。

总体来看,演讲的目的可以分为以下七类:

(1)说服听众采取某些行为;

(2)传达听众了解的信息;

（3）针对特定听众的要求提供信息；

（4）为有争议或挑战性的观点提供讨论平台；

（5）了解人们对某种情境或观点的反应；

（6）争取听众的参与及合作；

（7）让听众参与问题制定的解决方案。

不论想达到哪种目的，都要求演讲者就自己想要达到的目的提前做好演讲安排和规划。

绝大多数的演讲，并不是无缘无故的，有人是为了阐述自己的观点，有人是为了获得他人的支持，有人是为了扩大影响力，有人是为了说服别人……不管你的目的是什么，在演讲之前都要问问，自己想要得到什么结果？这样，演讲的时候，你就能够做到有的放矢了。

演讲者追求的目的无非有两个：现场的和散场的。

每一个演讲者都希望自己的演讲能够获得成功，这一目的完全可以从现场反映出来，听众能够产生共鸣是检验现场是否达到目的的标准。现场的效果是表面的，关键是演讲者的实用目的、演讲的内容要打动听众的心。离开这些，不管演讲者具有多强的成功欲望，都很难奏效！

任何演讲者都在追求散场后的目的——听众采取实际行动，这才是演讲者要达到的最终目的。比如，销售演讲，散场后听众是否能够认同演讲者的理念，采取行动购买产品？比如，亲子教育演讲，是否能打动听众，

让其接受自己的教育理念？从这个意义上来说，演讲现场的目的是散场后目的的前提和基础，散场后的目的又是现场目的的归宿，两者是紧密联系在一起的。如果不实现现场目的，就不可能实现散场后的目的；如果只追求散场后的目的，忽视追求现场目的，散场后的目的也会成为一句空话。

演讲，既是一种复杂的社会实践，更是一种工具。人们拿起工具总是有目的的，没有目的的演讲是不存在的。因此，优秀的演讲者一般都能树立明确的演讲目的，实现宏观和微观的统一、表层与深层的统一、短期目标与长远目标的统一，因此他们的演讲才是有意义、有价值的。

二、要给听众展现什么样的感觉和形象

不同的演讲者演讲的主题不同，能够带给听众的感觉也不同，听众可能会惊喜、感动、震撼或者有所感悟。在演讲之前，演讲者要问问自己，通过这次演讲，我能给听众留下什么？能对听众有何启发？……听众的反应，决定了演讲的成败！

演讲者在演讲中想要达到最佳的状态，用自己的情绪把控全场，最重要的是要做到收放自如。其中，有两点非常重要：一是情绪的控制；二是行为的控制。

演讲者的形象是演讲者的思想、道德、情操、学识和个性的外在体现，是演讲者仪表、举止、礼貌、表情、谈吐的综合反映。演讲者走上讲台，自

己的形象就会直接影响听众的评价和审美。在正式演讲之前,你也要问一下自己,除了带给听众演讲的感受之外,还要给听众树立一个什么样的形象。

良好的形象能够向别人展示自己的自信、尊严、力量、能力。它不仅冲击别人的视觉效果,同时也是一种外在的辅助工具,它让我们对自己的言行有了更高的要求,能立刻唤起自己内在的优良品质,通过你的穿着、微笑、目光接触、握手等行为,让自己全身都散发出成功者的魅力,让自己在开拓事业时事半功倍!

具体可以从以下几个方面着手打造自己的良好形象。

1. 重视仪容仪表的第一印象

演讲者在开口演讲之前,首先引人注意的是外表。演讲者的形象,是给听众留下的"第一印象"。孙中山先生曾经深刻地指出:"身登演讲台,其所具风度姿态应该是衣着整洁,举止大方,还没开口就使会场有肃然起敬之心。"

演讲者出现在听众面前进行演讲,它必然以整体形象,包括体形、容貌、衣冠、发型、举止神态等直接冲击听众的视觉。而整个主体形象的美与丑、好与差,在一般情况下,不仅直接影响演讲者思想感情的传达,而且也影响听众的心理情绪和视觉享受。这就要求演讲者在自然美的基础上,还要有一定的装饰美。

容貌的端庄大方以及由此所表现出来的精神状态,都是演讲者自身的

生理条件所决定的,一般难以改变。但是"三分长相七分打扮"在这里绝对是有用的。得体的着装和符合身份的打扮,能给人成熟稳重、专业干练的印象。首先是服装颜色要与演讲者的思想感情和演讲内容的特点协调一致。其次是服装要和体型、肤色等相匹配。

2. 保持活力,传达给别人精气神

活力与激情是演讲者首先需要具备的重要条件。听众的情绪完全取决于演讲者。那么,如何才能在发表演讲时活力四射,紧紧抓住听众的注意力呢?

第一,挑选自己最熟悉并感兴趣的话题。道理很简单,如果你对你的题目充满兴趣——像某种嗜好或者追求一样,或者你对这个题目有所研究或者有个人的利益关系,因而满腔热忱,那么你就不愁演讲时没有饱满的情绪了。这就是慎重选题目的重要性。

第二,发表演讲时,按照自己投入谈话中的热心程度表现自己的热忱与兴趣。不要抑制自己真情的流露。要让听众感受到,你对谈论自己的题目有多热忱,这样,他们的注意力就会在你的掌控之下。

第三,保持兴奋。当你走上台要对听众演讲时,应该是急不可耐的神态。轻快跳跃的脚步也许大部分是装出来的,可是它会为你创造奇迹,让听众觉得你迫不及待地想要和大家分享自己的东西。

第四,在演讲之前,一定要充分休息,养精蓄锐。演讲的前一晚必须

睡眠充足，让喉咙得到良好的休息。演讲时则要气宇轩昂、洒脱大方，总之，要表现出气度来。台风要稳，切勿前后摇摆，有的演讲者常常左右移动重心，这会让人认为你心神不定；目光要落在听众身上，左右躲闪会给人一种鬼鬼祟祟的感觉；说话时眼神飘忽，会让人误以为你目空一切或思想不集中；习惯于低头看稿或看地板，不注意与观众交流，会给人以做了亏心事一样的感觉。这些情况，都将直接影响演讲效果。

3. 善于利用声音让人感觉到力量

动听的声音应该是饱满的，充满了活力，能够调动他人的情绪。深厚、宽音域的迷人声音能够强化你的美好形象。富有磁性、可信、响亮、有力的声音并不仅仅来自喉咙，而是需要腹腔的支持，丹田发声才有底气。语速也是演讲的要素。为了营造沉稳的气氛，语速放慢是必要的，但是，需要注意的是，倘若从头至尾一直以相同的语速来演讲，听众是会睡觉的。声音有急有缓，关键的时候声调提高，以示强调，这都是声音的魅力。

4. 语言亲切、风趣，让人没有距离感

首先，演讲的语言要尽量口语化。口语适合面对面交流，给人以亲近感，易于被人接受，但这并不是说一定要用大白话，或者用乡俗俚语、地方方言。准备演讲稿之前，不能落笔就往书面语言上靠。写完后自己可以通读一下，看看是否上口，然后把那些不适合演讲的书面语改为口语。还要注意选择那些有利于口语表达的词语和句式。双音节和多音节的词语比单音节的词语更容易上口，而且也好听。

其次，演讲的语言要个性化。马克思说过："你怎么想就怎么写，怎么写就怎么说。"这句话告诉我们，不管"说"也好，"写"也罢，都要使用自己的语言，说自己想说的话，而不是借鉴别人的语言或套用别人现成的话，这才是一个演讲家应有的风格。

最后，要说自己的话。用自己的话讲，可能看起来很朴素、很普通，却更真实，更富有吸引力。

做到以上几点，留给听众的感觉即便不是非常好，也不会太糟糕。如果认真执行以上几点，演讲者的个人形象就会得到很大的提升。

三、要让听众学到什么

演讲者想向听众传达的无非两点：一是让别人认同自己的理念进而认同自己的产品；二是让听众认同自己的价值观，学到一些有用的观点。基于这两点考虑，演讲者最不能犯的错误就是只顾自己讲，不顾听众吸收什么或学到了什么。所以，演讲者首先要换位思考，假如你是一个听众，你听一场演讲，想学到什么呢？

向上级工作汇报的演讲，你必须站在领导的角度去考虑他究竟关心什么？对他来说最有价值的汇报内容是什么？比如，你工作的结果、进度、经验，等等。

向下属布置任务的演讲，你必须站在下属的角度去考虑他们最关心的是什么，比如，完成这个任务对大家有什么好处、每个人具体的任务分工是什么、完成时间是多长、方法工具是什么、遇到紧急问题的协调机制是什么，等等。

给新员工培训，你必须站在新员工的角度考虑，让他们知道，培训对他们的价值在哪里、每一项内容对他们的好处在哪里、掌握不了培训内容后果是什么，等等。

向潜在客户介绍产品，你必须站在客户的角度考虑，这款产品跟他们有什么关系、他们凭什么要买这款产品、产品跟其他同类产品的比较优势在哪里、他们买了产品有哪些具体的好处、买了产品有无风险、如有风险如何解决，等等。

只有站在听众的立场上，才能切身体会到别人想要什么，按照这个思路发表演说才能让演讲成功。

中国台湾文学作家蔡康永说过一句话：演讲的人要设身处地地以台下观众的立场来想，这才是演讲最有用的原则。一场演讲别人听过后，仅仅获得一个演讲的人很能说的印象，却不知道对方在讲什么，这样的演讲是糟糕的。出现这种现象的原因，不排除听众的水平不够，消化不了演讲内容；但是从听众的角度看，演讲者没有设身处地地以台下观众的立场来准备这场演讲，这才导致听众听完了却不知道对方在讲什么的结果。

演讲演讲,是讲给别人听的,不是为了炫耀自己。既然讲给别人听,就要站在别人的角度想一想,讲什么,怎样讲才是对方想要的。否则,演讲就成了一个人的独角戏。

四、会遇到听众的哪些反对意见

演讲者面对的听众文化层次不同、价值观不同、需求不同,甚至来听演讲的目的也不同,所以,在演讲过程中遇到听众提出反对意见是常有的事。听众提反对意见,一般有以下几种情况。

1. 所提的问题,你不知道

比如,听众提问你专业领域之外的问题,隔行如隔山,演讲者也不是行行精通,如果真被问到专业之外的陌生领域,可以直接说不知道,诚实也是一种智慧的表现。

2. 听众提的问题与演讲主题无关,或者问题太宽泛

比如,听众问男性演讲者或女性演讲者有没有男女朋友,或有没有结婚之类的私人问题。演讲者可以"隐私问题不作为演讲现场讨论"为由加以拒绝。

听众之所以会提出反对意见或在演讲者看来比较刁难的问题,大概有几个原因:

(1)确实想得到问题的答案;

（2）试探演讲者的水平；

（3）想出风头，吸引演讲者或者是别人注意，展示自己的才华；

（4）花了钱，觉得这个演讲不值，因此刁难演讲者；

（5）天生爱问问题，答案不重要。

当你的演讲有可能引起争议时，采取恰当的应对方式尤为重要。应对不恰当，有可能引起听者的敌对情绪，不等你的话出口，早已注定要面对失败的局面。方式方法选对了，你便能充分说服提问者。

一般现场提反对意见的听众有以下几个类型。

（1）话痨抱怨型。这类听众过多地占用其他人的提问时间，或者所提问题不关主旨。对此，演讲者有责任采取有效的办法来控制局面。可以建议他听一下其他人的观点，或者对他的话简要过渡一下，然后转入正题。如果还不能满足他的要求，建议把这个问题暂时搁置，在会后向组织者提出反馈意见。或者可以这样应对："这个伙伴是第一个发言的，我们掌声鼓励一下，问题也问得很好，刚好我们有3分钟时间可以讨论一下，我相信你一定非常关心和了解这方面的知识，我也想了解一下你针对这个问题，自己是不是有一些独到的见解呢？能否先给大家分享一下？"为了怕他不说，你完全可以说："来，掌声再次鼓励一下这位伙伴。"这样一来，既限定了3分钟的时间，又给了提问者面子。

（2）无所不知型。这类人不经邀请就会长篇大论地发表反对意见，

频繁挑战演讲者的观点。对于这类人，不必与其争论，就用事实说话。告知对方"我已明白你的观点，感谢你的参与"。还可以采取的对策是暂时搁置，会后讨论。对全场听众说你的观点，而不是针对任何人。可以这样应对："这位听众看来对这个话题做过深入的研究，问题问得很好。但是我们本次演讲时间很紧，我已经把你的问题写在黑板上了，一会儿休息的时候，我们互相交流一下。"

（3）知识分子型。想要用提反对意见的做法，显示自己的水平。遇到这样的听众，演讲者要冷静应对，一旦说不好，很容易产生新的反对意见。可以这样应对："这位听众问题问得很独到，很有水平。刚好我们还有3分钟的时间，可以讨论一下。在我回答这个问题之前，我想先听听其他朋友的宝贵想法。有想主动分享的朋友吗？"如果没有听众愿意主动分享，你可以尝试直接点名一些听众来分享。

演讲的过程难免遇到各种各样的听众，巧妙处理好听众提出的反对意见的过程，是一个见招拆招的过程。成熟的演讲者并不担心听众提出反对意见。反对意见的提出说明听众有参与的意愿和激情，只要演讲者善于利用现场气氛，学会巧妙转移和回答问题，反对意见甚至可以成为做好一场演讲的推动力。

第8讲 演讲前的体能准备

一、演讲前暖身运动不可少

马克·吐温说过:"演讲者分两种,一种人会紧张,另一种人谎称不紧张。"说明大部分演讲者,不管是新手还是有经验之人,在演讲之前都会紧张。这感觉可能很不舒服,但是很正常,甚至是必要的。

体育比赛中,赛前热身是不可缺少的步骤。音乐家演出前,一定会在舞台上先试音。演奏者从不会懈怠现场的彩排。演讲者也是如此。演讲前给自己来一个暖身运动必不可少。

有个演讲同行分享经验:他在上台前会先做40个俯卧撑,保证自身能量饱满,气势如虹,在任何演讲场合都不心虚。我认为,这种方法值得效仿。可以做蹲起、扩胸、扭腰、转头、蛙跳和深呼吸等运动,目的是让身体每个细胞都活起来、动起来,这种做法在行业里称为"瞬间提神法",旨在打开内在情绪的开关,让自己的正能量快速升高,从而达到最佳状态。这也是神经语言程序学(NLP)提倡的能量法则。

除了这些体能上的运动,还可以在心里默念或大声呼喊一些正能量的

字词，如：上，冲，起，拼；我要，加油，冠军，前进，拼搏，争取，努力；争取第一，我是最棒的，必须战斗，给观众最好的自己，帮助听众，等等。

当一个人默念这些字、词、句时，体内能量会迅速上升，好的状态会很快出现，精神突然得到拉升，这就是语言暗示的力量。这也是一个演讲者登台前最好的暖身运动。

这些准备工作做好以后，在登台前还要注意以下几点。

1. 熟悉演讲环境

作为主讲人，如果时间和条件允许，最好提前熟悉演讲环境，包括检查会议室和视听设备，甚至演讲的电子设备、麦克风和灯光等。事先知晓了屋子里的装饰、布局，在演讲时就不会对这个场地感到陌生。预先设想站姿及动作，考虑好怎么避开那些并排的椅子等障碍物的方法。这个类似于运动比赛时，在主场会相对有利。演讲者熟悉演讲环境就是把自己提前带入环境，拥有主场优势，从而减少对演讲环境的陌生感。

2. 解决生理需要

人最难忍受的是生理问题，比如饥渴和如厕。作为一名演讲者，提前喝水是必要的，确保充足的饮水能让自己呈现良好的演讲状态。而进餐最好在演讲前两个小时进行，因为饭后15分钟身体的能量全部集中在胃部进行消化，很难让人集中思想。演讲者如果思维不清晰，很难讲出富有逻

辑性的语言。进场前20分钟，一定要去下洗手间，第一，解决自己的后顾之忧以免中场需要如厕而打乱思绪；第二，能借上厕所短暂放松，并且有助于整理自己的仪容仪态。

3. 给口腔做个放松运动

在演讲的时候，主讲者的声音如同乐器，也需要在正式演讲之前进行调音。演讲是一种口腔运动，上台前必须做"口腔操"，这方面有专业的训练。以下是几种"口腔操"的演示动作要领：舌头在口腔内绕圈（顺时针或逆时针分别绕）；舌头在口腔内外伸缩（有人会感觉不雅，可在无人地方做）；唇腭两法：打哈欠，抬上腭；下腭打开和收敛，等等。口腔操做好，确保你演讲时，开口就能字正腔圆，咬字清晰，减少语言含混不清的现象。

4. 演讲之前向听众问好

尽可能和你的听众握手，第一，展示自己的谦和风度；第二，缓解陌生感。会让听众从一个陌生的"公众化"变得相对"私人化"。与听众拉近关系有利于展开后续的演说。做这些的时候要始终面带微笑。微笑能传达自信，也能向观众表明你很高兴见到他们，对你自己的演讲很热情。微笑还会给自己一种暗示，说明你内心很积极，无形中产生一种自信，外显于观众的就是"我是个专业的人，我拥有演说的热情"。

演讲无难事，只怕有心人，演讲前的暖身运动就是为演讲的成功奠定基础。

二、静坐冥想，调整"磁场"

上文谈了演讲前的暖身运动，是在动的层面让自己的情绪快速上升到一个饱满的状态。静坐冥想则给身、心、灵带来更大的能量，从静的状态上让自己思维放松，减少心理负担。

美国神经学家理查·戴维森坚信，人们可以做到像锻炼肌肉一样强化与快乐、积极行为有关的大脑回路。理查·戴维森在20世纪70年代从哈佛大学毕业访问印度之后，养成了静坐冥想的习惯，并以他几十年进行一种佛教式禅坐的亲身体验，对上述议题给予极高的肯定。

所以，在演讲之前一两天，演讲者要试着通过静坐冥想，让自己获得更多的内在心境和能量。

首先，找一个安静的空间，静坐，完全打开你的心灵，让它充满爱，开始冥想。想象你的爱是一种物质，正以你为圆心向外不断扩散，想象你自己保持在爱中，时间为半小时到一小时。当你重新睁开眼时，你发现世界如此明亮，而你不知道的是，你内在的能量在提高，你在慢慢转变，你的内在会充满光，而这光会慢慢溢出来，此时你会更加光彩动人。当你带着这种能量演讲的时候，听众会被你身上的那种由内而外的气质吸引。

有些演讲者面对即将到来的演讲，感觉如临大敌、心惊胆战。比如，在演讲前，总是担心自己会犯语法错误，或总是担心自己讲着讲着会突然忘词……这是一种反面的假想，会影响演讲者对演讲的信心。这时候，演

讲者可以通过静坐冥想产生积极的自我暗示，比如，用"放开一切杂念全力以赴""我一定可以心静如水，正常发挥"等进行自我暗示，让自己充满自信。

成功学之父卡耐基在每次演讲的时候都会花一段时间在脑海中设想本次演讲成功的画面。他的实践证明，在演讲前，花一些时间进行冥想，进行积极的心理暗示会产生不错的效果。尝试大胆设想自己演讲成功时的听众反应、现场效果和自己的成就感，反复进行积极心理暗示会产生意想不到的效果。

据相关研究报道，冥想的好处是可以增强人体自身的免疫反应，帮助我们控制好自己的情绪，提高注意力，并帮助我们更快地从压力中恢复，等等。与其他动物不同，人类通常会花很多时间去思考那些没有发生在自己周围的事情、过去的事情、可能会发生的事情，或者根本不可能发生的事情。事实上，走神或胡思乱想看起来更像是一种大脑缺陷。虽然从进化角度来说，这种能力是一个显著的成就，让人们掌握学习、推理和计划的本领，但它也包含了一定的情绪成分。通过静坐冥想能够让一个人躁动不安的情绪趋于缓和，从而达到平静地对待将要发生的事情的效果。

演讲之前，难免出现一些负面情绪，但这是可以改变的。优秀的演讲者一般都能充分利用演讲前的15分钟，让自己平静下来，逐渐消除这些负面情绪。冥想是让一个人把心静下来的最好方法。

当一个人的心比较静的时候，基本上不会想入非非，不会烦躁，也不会思绪混乱。心静，用在演讲之前，更具有神奇的效果。"每临大事有静气，不信今时无古贤"。这原是出自晚清风云人物翁同龢的一副对联。这副对联要告诉人们的是，自古以来的贤圣之人，也都是大气之人，越是遇到惊天动地之事，越能心静如水，沉着应对。

三、收集资讯为演讲服务

演讲前有了饱满的情绪和平静的内心等于迈出了一大步，但想要有更完美的表现，还要收集、整理演讲素材，保证所用的演讲材料充足。丰富的材料是演讲成功的一个重要因素。

获取演讲材料的途径有很多。常言道："事事留神皆学问。"在日常生活、工作、学习中，处处留神观察，认真体验，便能获得许多材料。亲身经历或通过亲自调查得来的材料，出现频率较高，司空见惯，有时容易被忽略。因此，必须养成勤记录、勤整理的好习惯。

合格的演讲者应该是这样的：经过不断的试错与历练之后，在选择演讲材料的时候，会积累一些属于自己的经验。当选择了一个题目时，就把题目写在一个大信封上。如果在读书时遇到一些好材料，认为将来能派上用场的，就会把它记下来，放入适合它题目的信封里。另外，还需要准备一个记事簿，在听别人演讲时，如果听到有契合题目的话，便立即把它记下，也放入信封

内。当自己要演讲时,就针对自己要讲的题目取出平时收集的所有材料,再加上自己的研究,这样,一篇演讲文章就形成了。如此,经过多年的演讲积累,从这里取一些,从那里选一点,演讲永远有材料,而且永远也不会陈旧。

随着各类APP的开发应用和自媒体的不断发展,关于演讲的资讯和材料可以说是铺天盖地,因此,演讲者在选择材料的时候要去粗取精,有所取舍。演讲之前选择材料应该遵循以下几点。

1. 选择别具一格的新资料

收集资料最好不要人云亦云,一定要去尝试一些新东西,挑战一些不可能或没人尝试过的事。新事物才是独一无二、不可复制的。

在某次会议上,主持人请企业领导讲话,他谢绝了。理由是一时讲不出新的意见,与其重复别人的话,不如少说,最好是索性不说。他的意思很明确,就是少说套话,不说人人都说滥的大众话。这位领导的做法值得借鉴。实际上,那种一讲老话、套话就没个完的现象比比皆是。有些人讲起话来滔滔不绝,可往往讲的是套话或空话,信息量少,缺乏给人启迪的东西,有时甚至只是起一个留声机、传声筒的作用。

2. 选择为主题服务的材料

材料和主题二者相辅相成。一方面,材料服务主题,主题从众多材料中提炼同时必须驾驭材料;另一方面,材料要说明主题、支撑主题,材料的存在要以为主题服务为前提。

主题是选材的依据。选择材料必须紧紧围绕主题，选择材料时必须考虑它能否有力地支持主题或为主题服务，否则，再生动的材料也不能用，即坚持这样一条原则：凡是能突出、烘托主题的材料就选用，否则就舍弃。特定材料虽不会体现出具体演讲标题，但主题还是有的。所以谨防跑题，是演讲者应当重视的首要问题。要想防止跑题，必须做到两点：一是审准主题；二是选好事例。审准主题是防止跑题的关键，演讲者应当明确，这类演讲的主题依附于材料。因此，在演讲之前首先要考虑材料所包含的主题是什么。

选材要选典型，就是能够深刻揭示事物本质，具有广泛代表性和强大说服力的材料。它可能是一个典型人物、一个典型事件、一个典型场面、一个典型故事，也可能是人物的典型语言或典型动作。凡是典型材料，不论大小都具有普遍意义，用到演讲中有助于深化主题，使演讲稿更加精练有力。因而，在选择典型材料时，要根据表现主题、表达情感、描写人物和景物的需要去严格、巧妙地精选。

3. 向同行老师取经

闭门造车是不会有所进步的，博采众长才是发展和成长的态度。演讲界里大师云集，想成为一个好的演讲者，一定需要投资头脑，思维拓展了眼界才宽。认真听别人的演讲，既能学人所长，又能看到自己的不足。

第9讲 演讲前的心态准备

一、把演讲当成一次自我成长

大多数没有经验的演讲者，演讲前死记硬背演讲稿，上台后会让演讲变得机械呆板，甚至没有自我发挥的空间。当紧张忘词时，更不知道接下去怎么讲，甚至有的演讲者会产生害怕之感。人之所以会出现害怕的负面情绪，主要是因为对可能发生的事在心理上没有做好准备。

演讲者，既不要对害怕屈服，也无须过度悲观地害怕，当然更不用装作害怕不存在。只要好好审视一下自己到底害怕什么，然后做好心理准备，采用正确的方法来处理就可以了。

首先，建立一个正确的信念。用豁出去的心态，积极的激励语言告诉自己，演讲并不是比赛，不一定要分输赢，更不是总统拉票选举，就当成自己的一次经历，一次自我成长好了。对内容多记几次，拿出平常跟别人说话的样子，发自内心地去表达，自由、随意、尽情地去发挥。把演讲当作一次自我成长的机会，而不是一次非此即彼的比赛。失败不过是一次让你掌握技巧和拥有更好表现的练习，没有失败，只有经验回馈。

其次，做好最坏的打算。自信是一个人心理耐受能力的反应，耐受能力强的人一般会更接近成功。为了增加自信，演讲者可以在演讲前做最坏的打算，并且尝试着去接受它。比如设想自己会紧张、结巴、演讲效果不尽如人意等。当你做好这些准备时，勇敢地登上舞台，你会发现，最坏的你都接受了，还有什么可担心的？只要没出现最坏的结果，就是进步。

我接触过很多演讲高手，他们告诉我，任何一场演讲，一开始他们都会有不同程度的紧张，但演讲进行5分钟后，恐惧感会渐渐消失。

所以，演讲心态上的准备，就是要把注意力集中在演说内容上。我们只有一颗心、一个脑袋，只能在某一时刻做一件事情。跨越演讲的障碍，关键是要不停地练习。一开始在几个熟悉的人面前发表演说，三番四次地提醒自己把注意力集中在演说内容上，可以只讲2分钟，感觉越来越好后，可以增加演说的对象或延长演说的时间，或扩展演说的内容，经历过100次练习后，恐惧感会越来越少，信心也会越来越强。

再次，停止内心的自我批判。当对自我产生负面想法时，你会产生担心和焦虑。如果你对自己不自信，那听众怎么能对你有信心呢？当意识到自己有消极想法时，应该立即阻止自己，换点儿积极的想法。比如，你开始可能会想："我会脑海一片空白，不知所措。"如果有这个想法，你就试着将其换成这样的想法："我对这个话题很熟悉了，因为我已经花了很长时间去研究它。而且，我已经把演讲稿写出来了,有需要的话可以看一下。

即便犯了几个小错误,也没关系。"

如果实在担心和焦虑,就把担心和焦虑的原因写下来。对担心和焦虑的原因有清晰的了解,能够帮助你更好地处理担心和焦虑。深入思考一下,自己为什么会担心和焦虑?比如,你写下的原因是担心自己站在听众面前会显得很愚蠢,那就想想为什么会觉得自己看起来很愚蠢呢,是担心自己的演讲内容出现差错吗?如果是这个原因,那么你就应该花更多时间去研究你的演讲主题。

最后,演讲时的紧张人人都会遇到。公开演讲时的恐惧就是人们所说的演讲恐惧症。有80%的人在发表公开演讲时会感到焦虑、紧张,他们手心出汗、心跳加快、身体发抖,这是演讲之前再正常不过的现象。尽管这会让人不太舒服,但是可以克服的。演讲者只有多经历一些演讲,就会逐渐地习惯并消除这种感觉,并在一次又一次的演讲中,越来越轻松自如,越来越成熟。

二、让素养和修为给自己加分

演讲的功夫,是演也是讲,必须保持头脑清醒,在有限的时间内利用环境营造出现场氛围,再借助头脑风暴,使演讲目的最大化地达成。所以,在某种程度上,演讲者身兼三职:导演、编剧、演员,不能只懂得讲,也不能只知道演,最重要是知道,自己要怎样的剧本,以及知道自己想要的结局是什么。

影视作品需要有打动观众灵魂的内容，演讲也要有这种内容。演讲者的素养和修为听众能够一下子识别出来，这才是一个演讲者的核心竞争力。演讲者的素养和修为不是与生俱来的，是演讲者价值观、精神、内在气质的总和。演讲者将带着这种气质，贯穿在所有演讲之中。所以，优质的演讲，如同一份艺术作品。

如何能够拥有这种气质，考验的是演讲者的素养和修为，那么应该从哪些方面提升个人素养和修为呢？

首先，精神素质。演讲者的形象往往通过人格、修养、风度、气质等反映出来，而这些方面都要基于良好的精神素质。这包括对生活的热爱以及对事业的执着追求。只有热爱生活才能在讲台上毫不做作地袒露真诚和质朴，也才能换来听众的喜爱。而对事业的执着追求，更能树立演讲者的威信，塑造演讲者富有魅力的形象。

其次，思想和人格。这是一个演讲者塑造形象的根本。演讲者对某个事物的看法、观点，往往会对听众产生极大的导向力，这就要求演讲者的思想认识必须具有超前性、权威性，让听众认可其价值、接受其观点，从而将演讲的主旨圆满地传导给听众。另外，演讲者的人格魅力是自己真实、本色的流露。演讲者的"真我"表现对听众是最具吸引力的。这种"真我"必然将演讲者完整的精神世界展示给观众，同时又展示出个人的人格魅力。

再次，深厚的知识底蕴。演讲者应该是博学多才的有识之士，这样才

能面对听众侃侃而谈。渊博的知识和文化修养，能够使演讲者对其所讲主题作出深刻有见地的分析，从而令人信服。作为一名演讲者，要不断地更新所学，开拓思路，活跃思维，切莫书到用时方恨少，腹中空空，无言以出，那时你面对的将不仅仅是对自己孤陋寡闻的羞愧、听众的失望，更会导致自己被竞争时代的潮流所淹没。

最后，优秀的表达能力和清晰的思维能力。作为一个演讲者语言要通顺流畅，这是最基本的要求。演讲者一定要勤于练习自己语言和语流上的基本功，要言语有心、言语用心，加强吐字归音的基本功训练，要把话说好、说通、说顺、说巧、说妙。同时，应具备严密清晰的逻辑思维。演讲者最忌讳在言语表达上生搬硬套、张冠李戴，那样会贻笑大方的；更不能看似口若悬河、滔滔不绝，实则空空无物或者不过是说些插科打诨的话而已。

成为一个有素养、有修为的演讲者不是一日之功，功夫在演讲之外，一旦确定了这样的心态和方向，日积月累地不断修炼，梦想终有一天会成真。

三、带着同理心做演讲

同理心是古今中外人际交往的基础，也是人们发展与成功的基石。同理饱含着温暖与关爱、理解与宽容，是一个人的人格成熟和社会化的标志。拥有良好的同理心也就拥有了感受他人心理、理解他人行为和处事方式的

第二部分 讲台是战场，不打无准备的仗

能力，不仅能够了解对方，还能够更深入地把握对方隐含的思想。所以，同理心能够成为我们与他人顺畅沟通的心理桥梁。

大家想一想，有没有遇到过这种情况：当别人企图说服你的时候，你会觉得对方根本不理解你，不懂你的心情，不了解你的感受，不懂得站在你的角度看问题，所以你无法接受对方的任何建议，甚至他说了什么你也懒得去听。

同样，当你企图说服别人、给别人提建议的时候，如果你不站在别人的角度去考虑问题，别人也就无法接受你的观点。这个时候，如果你能换个角度，让对方觉得你是他的"同路人""自己人"，那么对方会感到自己被理解了，就会慢慢改变最初的逆反、防御心理，并一步一步地接受你。

每个人都渴望被别人理解、关注和认同，但很多人眼中的别人，不过是他自己内心感觉的投射，笼罩着个人的主观意念和情绪。比如，当一个人心里积压很多负面情绪时，就会把别人和他一些毫无关系、无意识的行为和语言误解为故意针对自己的言行，从而让自己的心情变得更加糟糕，与他人关系也会进一步恶化。唯有公正地、全方位地去体验和理解别人，才能捕捉到现象背后的本质。总而言之，建立同理心，可以避免许多心理上的不良投射和误读。

至于演讲，也是如此。演讲的基础与前提，也是同理心。所以，首先要对"人同此心，心同此理"有一个足够的认识；其次通过认识自己，进而认识别人；最后将别人真实而本质的内心需求，通过恰到好处的方式表

达出来。

美国前总统林肯在竞选美国上议院议员的时候,在南伊利诺伊州进行演讲。那时蓄养黑奴的奴隶主们对废奴主义者非常仇恨,他们对林肯到此作反对奴隶制的演说恨之入骨,并发誓只要他来就置他于死地。林肯当然知道奴隶主们对自己的态度,在演讲之前,林肯说:"南伊利诺伊州的同乡们,肯特基州的同乡们,听说在场的人群中有些人要和我作对,我实在不明白为什么要这样做?因为我也是一个和你们一样爽直的平民,那我为什么不能和你们一样有发表意见的权利呢?好朋友,我并不是来干涉你们的,我也是你们中间的一员。我生于肯特基州,成长于伊利诺伊州,我和你们一样是从艰苦的环境中奋斗出来的,我认识南伊利诺伊州的人和肯特基州的人,也认识密苏里州的人,因为我是他们中的一个……"

林肯的这段开场白很容易地说服了这些群众,主要原因在于他并没有把自己放在与同乡们对立的立场上,而是找出与他们共同的语言来打开话题,让他们觉得林肯是与大家站在一起的,与自己有相同的立场。

演讲者要使对方接受你的观点、态度,你就必须同对方保持"自己人"的关系,把对方与自己视为一体,在对方看来,你是在为他们说话,或者你是在为他们着想。这样,双方的心理距离就拉近了,对方也就不会感到某种心理压力的存在,自然而然也就消除了戒心。同对方建立"自己人"的关系,就要找出与对方的"相似性",这就是"同理心"的意义。

有篇流行的网文叫作《能让别人多开心你就有多成功》，主要内容是讲李嘉诚待人接物的作风。彼时李嘉诚已经功成名就，拥有巨额的财富，但他还是亲自到电梯门口迎接客人。他能记住每个人的名字，吃饭时跟所有人打招呼。

同样，作为一名演讲者，在上台之前时刻保持一颗同理心，站在听众的立场去思考，想着假如自己是听众，想听到什么，那么，离成功的演讲就进了一大步。

第三部分 演讲敢精彩，才能真出彩

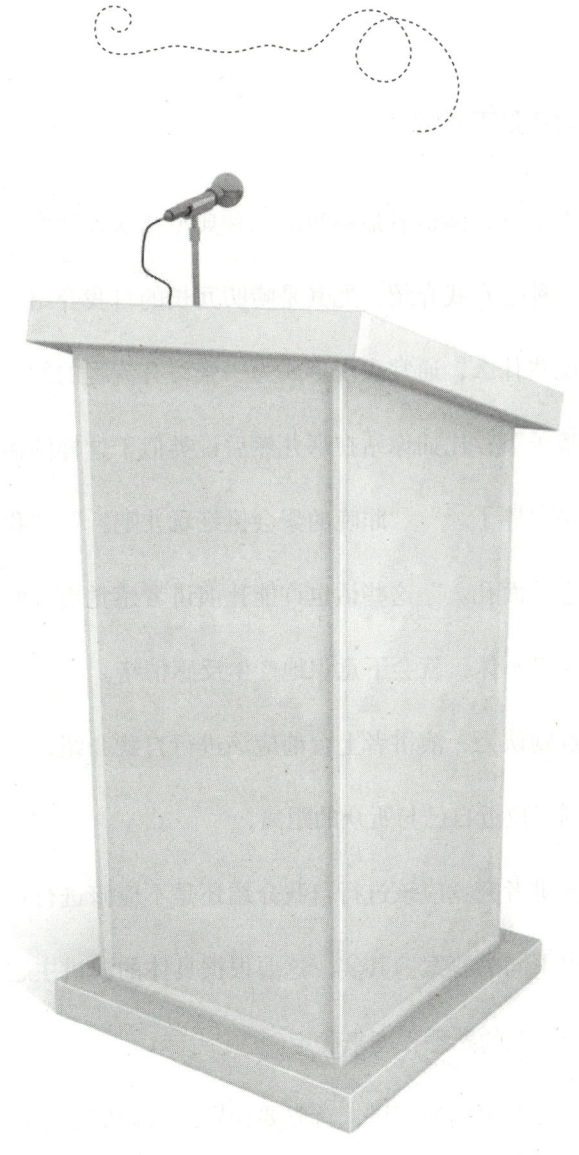

第10讲 自我介绍是"金字招牌"

一、介绍还是不介绍

据业内人士说,演讲者最易犯的三种典型错误,通常产生于演讲的前几分钟。第一种是自我介绍,尤其是唠叨冗长的自我介绍;第二种是告诉听众你将要说些什么,通常表现形式为一张写有流程的幻灯片;第三种是所谓的"清嗓子",比如你站在那儿然后说类似于这样的话:"我的天,能来这儿真是太棒了。""昨晚的聚会挺好玩儿吧?""我在听众里可看到了不少熟悉的面孔。"这些话也许能让演讲者感觉更舒服,听众却认为演讲者是在喋喋不休,就会下意识地产生反感情绪。

有的观点则认为,演讲者上台前应该进行自我介绍,以期让别人更了解自己,有利于拉近自己与听众的距离。

那么,演讲者究竟应该进行自我介绍还是不应该进行自我介绍呢?不同的人会给出不同的答案。其实,这要根据具体的演讲主题来确定,还要根据演讲者和听众的熟悉程度来确定。

想要完成一次出色的演讲,首先要让别人认识你、记住你,演讲前的自我介绍就显得尤为重要。自我介绍虽然在演讲中占用的时间很短，却发挥着重要作用，一个精彩的自我介绍可以在短时间内给听众留下美好印象，可以成功地架起演讲者和听众之间交流的桥梁。

优秀的演讲高手在开篇的时候往往会用简短的几句话抓住听众的心。作为演讲者，不管你准备了多少演讲内容，最初的 30 秒都是最重要的。自我介绍的时间虽然比较短，却决定此后你所说的每一句话是否引人入胜。有经验的演讲者一般都会把握好自己的开篇，事先反复练习。

自我介绍就是自己打出招牌，目的是推销自己，改变听众的看法，强化听众的期待。好的演讲就是从一鸣惊人的自我介绍开始的。要想让听众有所期待，首先必须让听众认同演讲者本人。

自我介绍是演讲不可忽视的基本环节，是演讲者展示个人优势的最佳切入点。那么，演讲者该如何作自我介绍呢？

首先，要真实可信。个人经历一般都是亲身经历过的事情，任何虚假的内容都不能称为经历。为了以强烈的真实感赢得听众的信任，优秀的演讲者都会以实事求是的态度，说真话，讲真事。

其次，必须注重简要性。也就是力求简明扼要，决不能为了展示自己而追求面面俱到，结果自我介绍啰唆、冗长。简要介绍个人经历，可以突出重点，鲜明中心，优秀的演讲者都会注意这一点。许多人自我介绍像是

报户口,做简历,填履历表。比如,"我叫×××,××××年出生,曾担任×××,爱好×××。"这样的介绍着实乏味,难以给人留下深刻印象。当你把最后一句话说完时,估计大家已经把你前面说的话忘得差不多了。精练的自我介绍,要用精彩的语言展现闪光多彩的自己。

最后,自我介绍要有幽默感。心理学家凯瑟琳告诉我们:"如果你能使一个人对你有好感,那么,也就可能使你周围的每一个人,甚至是全世界的人,都对你有好感。只要你不是到处和人握手,而是以你的友善、机智、风趣去传播你的信息,那么空间距离就会消失。"幽默能一下子拉近人与人之间的感情距离。

不要小看这短短的开场白,听众将根据你给他们留下的第一印象来决定是否耐心聆听你的演讲。因此你必须把握好自己的开篇。

二、自我介绍需要保持各种"度"

在进行自我介绍的时候,说少了,达不到宣传的效果;说多了,有点儿喧宾夺主,把握好其中的"度"非常必要和重要。

孔子曾在《论语·季氏》里说:"言未及之而言谓之躁,言及之而不言谓之隐,未见颜色而言谓之瞽。"这句话有三层意思:一是不该说话的时候说了,叫急躁;二是应该说话的时候却不说,叫隐瞒;三是不会察言观色,贸然信口开河,叫瞪着眼睛瞎说。

开场的自我介绍在追求新颖的同时不要失去分寸。有的人一说话就让人有好感，而有的人恰恰相反，不注意场合和听众，一句话也说不好，让人反感并怀疑演讲者的动机。比如，有个人的朋友结婚他前去祝贺，喜宴上他慷慨陈词："凭咱哥们交情，下次你再结婚我还来喝酒。"满座人面面相觑，朋友哭笑不得，他却浑然不觉。因为他说话不合时宜，所以谁家有个婚丧嫁娶的事情都不欢迎他。有好心人背后提醒他说话要注意场合，多说人家爱听的吉利话，别说人家忌讳的话，他才幡然醒悟。

演讲是在公开正式的场合进行的，更考验主讲者的措辞。一般来说，说话应与场合中的气氛相协调，而且要与自己即将展开的主题相契合。如果主题的基调相对严肃，开场的自我介绍就不要太过幽默和活泼，过于轻佻的语言会影响后面严肃的主题。反之，如果接下来的演说内容是喜庆或激动的场面，开场的自我介绍就不要太过死板。

所以，演讲者要好好把握自己的自我介绍和开场措辞，要保护好自己的"金字招牌"，不要因为言语失度砸了自己的"招牌"。

演讲者的开场白必须直截了当，让听众迅速找到感觉，准备好聆听你的演讲，之后，能够时刻保持集中注意力听你的每一个词语、每一段话，只有这样，演讲才会达到预期的效果。

演讲，开场白最不容易把握。想用最少的话语抓住听众的心，并不是一件容易的事情。因此，只有匠心独运的开场白，才能给听众留下深刻印象，

才能立即控制住场上气氛，在短时间内将听众的注意力集中起来，为接下来的演讲奠定基础。

那么，如何才能巧妙地使用开场白为自己的演讲增色呢？

1. 制造悬念

演讲开始的时候制造悬念能立刻引起听众的好奇心，深深吸引住听众，这种做法对于演讲的成功是非常有益的。

2. 讲生动故事

有些演讲者会在开头讲一个与自己所讲内容有密切联系的故事，引出演讲主题。这个故事一般都是完整的，有细节和人物，通过故事跌宕起伏的情节，可以将听众引入一种忘我的境界，并将自己的思想观点不动声色地融入其中。

3. 一鸣惊人

为了引起听众的高度重视，有些演讲者的开场白会运用夸张的手法或从不同的角度对自己的演讲内容（或主题）加以渲染。想要迅速吸引听众的注意力，可以这样设置开场白：描绘一个异乎寻常的场面，或者透露一个触目惊心的数据，或者栩栩如生地描述一个耸人听闻的事情，营造"此言一出，举座皆惊"的效果，这样，听众就会将注意力集中在你的演讲上。

三、追求新颖独特的自我风格

最能使演讲者脱颖而出的就是自己的与众不同。比如，罗永浩的演讲，几乎是自成一派。有人甚至评论说："恶搞的没他有营养，有营养的没他有启发性，有启发性的没他有趣，有趣的没有人比他更有趣。"再比如，马云和俞敏鸿都是演讲大师，但两人演讲风格各有千秋。两人都是企业CEO，一个热衷于经营商业帝国，一个主攻教育堡垒。由于两个人最初的定位和身份的区别导致了两人演讲风格的差异。马云作为商业领袖，总是用前瞻性的战略眼光看待企业的发展，这就决定了他的演讲风格是慷慨激昂，语言精辟犀利，其中还有多年沉淀的幽默。俞敏鸿给大学生作演讲的时候，总会提及他当年高考失利，最后开办培训班，一路走来很不易，但他从来没有轻言放弃，直到把新东方推上华尔街股市。他的个人经历决定了他的演讲风格平易近人，语调亲切如话家常，让每个大学生创业者在感动励志的同时看到了自己成功的可能，从而点燃大学生的激情。还有，扎克伯格曾经因为穿着T恤衫而遭到美国媒体的嘲弄；乔布斯千年不变的打扮依然"粉丝"如云；丘吉尔是最伟大的演讲者之一，但他很少用手势表达自己。

我想说的是，优秀而聪明的演讲者必须找到最适合自己的道路，然后坚持走下去，不走寻常路，要追求新颖独特的自我风格。全世界的树叶有千千万万，但没有两片叶子是完全相同的；全世界有75亿多人口，也没

有完全相同的两个人，大家都有自己的个性和特点。我们应该树立这样的观念：寻找自己独特的个性，让自己与众不同。

演讲也是如此，哪怕是在自我介绍的短短几分钟里，也要追求个性与特色，不要千篇一律，要用新颖的方法画"自画像"，这样才能让大家记住你。我们都知道，"自画像"当然画得越像越好，而演讲者的自我介绍当然越真实越好。这话听起来可能有些多余，因为演讲中的自我介绍不外乎姓名、年龄、政治面貌、职称、受教育程度以及工作经历等，非常客观，绝大部分人都能保证其真实性。我说绝大部分人能，那就意味着还有一小部分人不能。

想要形成独特的自我演讲风格，就要在演讲中符合自己的特点和特长。选择什么样的演讲风格，关键看你是什么类型的人，具有什么样的个性，具有什么样的特长，等等。你是一个时刻充满激情和力量的人，还是一个亲和、能够平易近人的人？充满激情和力量的人，激昂型的演讲风格更适合你；亲切而平易近人，那么朴实或亲切型的演讲风格就更容易形成。所以，了解你的个人，确认你的演讲个性，这样你才知道什么样的演讲风格适合自己。

每个人的性格、背景、特色都不一样，这就决定了每个人的特长不一样，有的人擅长幽默，有的人天生具有亲和力，有的人结构能力很强……任谁也很难把每个元素都做到很好。你不必完全模仿别人，你必须形成自己的演讲风格,因为你是独一无二的。很多人可能会说:"可是我觉得要形成自己独特的演讲风格很难,这是演讲高手才能做到的事啊!"没错。演讲风格的形成不是一朝一夕的事,掌握了以下三点:一是扬长避短;二是做好价值观的输出;三是永远保持真诚,那么你离一个独特的演讲者就很近了。

第11讲 "以问开场"拉开演讲序幕

一、"YES"的问句技巧

作为一个成功的演讲者,要想真正达到演讲目的,不在于讲得有多好,更多的时候是会不会问。会提问题的演讲者,往往能够在演讲结束时达到意想不到的效果。尤其是一个以销售为目的的演讲,当销售人员陈述一个产品优点的时候,如果能用提问题的方法,那么,就有可能产生更好的效果。用这种方法,可以问出产品和服务的优点和卖点,问出客户的渴望。比如,你们是不是希望成为行业的冠军呀?YES;是不是希望自己的收入翻3~5倍呀?YES;是不是希望自己能够活到90岁呀?YES。

曾经热播的《芈月传》中芈月执掌大权时鼓舞将士们士气的话,正是运用了这一技巧。

下面就是芈月对将士们说的话:

你们当初当兵,必定不是为了造反,你们沙场浴血,卧冰尝雪,千里奔波，赴汤蹈火，为的不仅仅是效忠君王，保家卫国，更是为了让自己活得更好，让自己在沙场上挣来的功劳，能够荫及家人，为了让自己能够建功立业，人前显贵，是也不是？是！

今日站在这里，都是大秦的佼佼者，你们是大秦的荣光，是大秦的倚仗，是也不是？是！

我大秦曾经被人称为虎狼之师，令列国闻风丧胆，可就在前不久，五国陈兵函谷关外，可我们却束手无策，任人勒索宰割，这是为什么？我们的虎狼之师呢？我们的王军将士呢？都去哪儿了？大秦的将士，曾经是大秦的荣光，可如今却是大秦的耻辱！当敌人兵临城下的时候，你们不曾迎敌为国而战，却在王位相争中自相残杀，这就是你们的作为！曾经商君之法约定，只有军功才可受爵，无军功者不得受爵；有功者显荣，无功者虽富无所荣华。可有些人就是不愿意遵商法，要恢复旧制，所以派人来杀我，你们也不情愿、也不想实行新法，是吗？

为何你们站在了靠祖上余荫吃饭的旧族那边，自愿成为他们的鹰犬，助纣为虐，使得他们随心所欲、胡作非为，使得商君之法不得推行，兄弟相残、私斗成风？你们的忠诚，不献给能够为你们提供公平、军功、荣耀的君王，却给了那些对你们作威作福，只能赏给你们残渣剩饭的旧族们，

是吗?

将士们,我承诺你们,从今以后,你们所付出的一切血汗都能够得到回报,任何人触犯秦法都将受到惩处,秦国的一切将是属于你们和你们儿女的。今日我们在秦国推行这样的律例,他日天下就都有可能去推行这样的律例,你们有多少努力就有多少回报,你们可以成为公士、为上造、为不更、为左庶长、为右庶长、为少上造、为大上造、为关内侯,甚至为彻候,食邑万户,你们敢不敢去争取,能不能做到?

有太多的销售演讲,总是问听众:"不知道您对我所讲的产品感不感兴趣?"对于这样的问题,大部分人都不会说 YES,因为这是一个不一定会说 YES 的问话技巧。

有一次,我参加一场关于健康的演讲,听培训老师这样告诉他的学员:在演讲的时候不要问对方是否关心你的健康产品,听众只在意自己的身体是否健康,所以,切入点不是你的产品而是听众的健康。所以你可以这么问:"各位,你们想不想让自己一直保持高效的工作效率?""各位,你们想不想让自己每天睡眠质量都很好,精力充沛?""各位,你们想不想拥有健康的生活,不给家人增加负担?"这些问题都是一定会说 YES 的问题。只有问对了,听众才会对你要传达的理念或产品感兴趣。

在演讲中,尤其是在销售演讲的过程当中,可以问些回答是 YES 的问题，听众此时就会觉得你提出的问题是在为他着想，这样就很快拉近了与听众的距离，取得了听众的信任，接下来的沟通便会水到渠成。可以说，演讲者学会问话比学会讲话更有用。

二、好的演讲从听众的信任开始

听众之所以要倾听你的演讲，与你的可信度有着密切的关系。你得让听众相信，你有资格站在这里阐述这个话题。

那么，如何赢得听众的信任呢？

通常人们遵从逻辑脑的指示，而忽略来自心灵脑的直觉，但是真正的创意都来自我们的心灵脑，这其中也应该包括"质疑"。提出质疑能激发心灵脑，因为当我们心中有一个问题的时候，尽管逻辑脑不再思考，但身体仍然会主动收集和整合信息，最后形成突发的想法。而当我们对一个问题做出判断时，关于这个问题的信息收集就停止了。所以，在今天这个创新的时代，学会批判性思维，不断提出质疑和思考，就显得特别重要。如同英国西蒙·兰卡斯特在他的著作《感召力》里讲的那样，想要赢得听众的心，就要击破本能脑、情感脑和逻辑脑。

针对本能脑，我们的方法是在说话的时候让对方感到安全和信任。可以采用类比、隐喻的方法让对方换位思考，自动衔接。而要赢得情感脑，

我们需要和别人建立情感联系，拥有共情力。可以通过一个故事、一段历史来寻求突破。当然，你的故事或者你阐述的历史，内容要有你自己的价值观，能够使人信服。而对于逻辑脑而言，方法就是把观点分成三段，内容要平衡，要有韵律，要有数字，尽量简洁。

为了征服听众的逻辑脑，我们要下点功夫，最好做到以下几点。

第一，表达的内容分为三部分。第一部分开头，并做好铺垫；第二部分要说明几个观点或者几件事情；最后一部分要有个亮眼的总结。

第二，表达自己的观点。先说不做的后果，再说做的好处；或者以前没这样做是什么样的，现在这样做了变成什么样了。通过这种对比方式来增强你的观点的力度。

第三，列数据。这个不用详细解释，除了看起来有理有据之外，还可以把听众和自己放在同一个层面上，不会因为知识面和社会阅历的多少造成误会。

第四，少说废话。大家不要觉得话少会扣分，其实说清楚才是关键，毕竟逻辑脑更容易接受的是有条理、有逻辑的内容。

三、一开始，气氛活跃很重要

演讲现场，最怕气氛不热烈，一开始，气氛活跃很重要。现场气氛不活跃的话，听众很难听进去演讲者的任何观点和想法，更多的时候是演讲者在台上激情澎湃，台下的听众却昏昏欲睡。

有一次，某单位召开了一个关于安全生产的职工大会。轮到最后一个车间主任表态时，职工有的心不在焉，有的交头接耳，会场秩序有些不稳定。这位车间主任见此情景，开口说了一句：

"劳驾诸位，请大家对一下表。"

说着，他也伸出胳膊，注视着自己的手表，情态极为认真。在场的所有职工几乎都愣了一下，然后真的就去看自己戴的手表。

"现在是……9点12分。"他说，"不准的请拨正。我的发言只需要15分钟。到9点27分我要讲不完，请前排的同志把我从窗口扔到外面去！"

会场内先是爆发出一阵笑声，接着便鸦雀无声，开始听这位车间主任的15分钟发言。

这位车间主任就很会调动现场气氛，把本来懒散的想要提前散场的听众重新拉回到积极的状态。

演讲现场难免出现冷场，如何制造活跃的现场气氛非常考验演讲者的实力。一般来说，常见的活跃现场气氛的方法有以下几种。

1. 制造悬念，激发听众的兴趣

好的悬念不仅能够使演讲者再度成为听众瞩目的中心，而且能够活跃

现场气氛,激发听众聆听与参与的兴趣。因此,在演讲中制造悬念,可以有效地吸引听众的注意力,使演讲内含的信息和情感得以准确传达。如果演讲者能在出现冷场的情况下,适时地制造一两个悬念,确实是重新吸引听众注意力非常有效的办法。

2. 变换话题,穿插趣闻逸事

所谓变换话题,就是演讲遭遇冷场时可通过暂时变换话题的办法吸引听众的注意力,如通过穿插趣闻逸事活跃现场气氛来吸引听众的注意力。趣闻逸事是人们在生活中津津乐道的闲谈资料,生活中的许多情趣即由此而来。演讲者抓住人们渴望趣味性的视听倾向,适时地讲述一些趣闻逸事,会使混乱或呆板的演讲现场马上活跃起来,听众的注意力也会被迅速地集中到演讲内容上。这时演讲者再次回到原来的话题,演讲效果可能会更胜一筹。如果是双向交流,话题的变换就是不确定的,要根据现场情况随机应变。

3. 倾听发言,赞扬并提问

演讲既然是互动式的,那么演讲者在与听众互动的过程中,听众一旦说话,就不要轻易打断,而是给予其鼓励和认可,如赞许式点头、赞扬式微笑,注视对方的眼睛,表露出对听众的话认真感兴趣的表情等。当听众完整地表达结束后,我们要对听众所说的细节进行认可和表扬,如"你的

话很有趣,很有价值,即使你不是专家,我还是很高兴能听到你的观点"。积极的反馈可以很好地鼓舞听众参与互动。

演讲要求内容丰富、生动、全面、准确,表达跌宕起伏,声调抑扬顿挫,不断调动现场气氛,逐渐在全场形成热烈的场面,使听众全神贯注、心驰神往。这种境界,显然不是照本宣科式地念演讲稿所能达到的。照稿念,演讲者往往顾此失彼,顾了讲稿,顾不了听众,更谈不上用丰富的表情和形象的动作与演讲内容协调配合,演讲当然无法做到生动形象。这样,听众会在无形中降低对演讲者的信任,降低对演讲的注意力和重视度,造成冷场,甚至骚动、喝倒彩。演讲者要熟悉演讲稿,而又不拘泥于演讲稿,真正"入戏",要能在演讲中自然地调动听众的情绪,使听众的情绪达到几次高潮,像磁石般牢牢地吸引住听众。

如果演讲中能做到高潮迭起,演讲者便自然地控制了整个现场的气氛。演讲者应该怎样调动听众的情绪高潮呢?

1. 做好演讲初期蓄势阶段的工作

新思想或者奇思妙想可以激发人们的好奇心。一般可以以名人的言论或者思想入手,让观众对你的演讲感兴趣。

2. 使用"对立辩证法"

演讲者可以先提出一个与自己演讲主张相悖的观点,然后用自己的

演讲一步步否定这个"悖论点"。这种模式可有效吸引听众的注意力，是一种典型的小高潮演讲模式，会对观众产生强烈的演讲冲击力。

3. 善于调动听众情绪

演讲者适时调动听众情绪，通过这种情绪的不断积累，演讲的高潮自然水到渠成，使演讲具有更强的感染力。

4. 善用肢体语言

演讲者在演讲事例或者论点时，不应仅停留在嘴上，还要善于借助肢体语言，让听众随你的演讲而动，随你的肢体而动，从而高潮迭起。

第12讲 演讲进程不忘"制造梦想"

一、听你讲完,听众觉得"他也能"

每个人都有梦想,演讲者就要从这一点出发,当听众能够从你的演讲中体会到"我也能"的时候,就会对演讲者留下深刻的印象。一个真正的演讲者,其实是一个"造梦专家",让别人听完他的演讲时产生"我也能"的冲动与激情。

演讲者和听众的情绪是可以产生共鸣的。不同的语调会引发不同的情绪,我们要善用自己的语调"煽情"。比如,陈安之在一次关于"中国保险业成为NO.1"的演讲中是这样带动大家的:

这边的掌声我听不到(边指方向边说)!想成功致富以及超越自我的伙伴,早上好!

现在趁演讲开始之前呢,我们可不可以做一个小小的活动呢?

请把你们的双手伸出来好不好,有没有手?OK,等一下呢,我数到3的时候,请你把你的手合起来,然后合着不要动,这样好不好?1—2—3,合紧一点,仔细看一下,右手的大拇指在左手上的请举手,仔细看一

下，经过心理学家超过1000次的研究认定：这些人比较性感、比较有魅力。不要换手指头，我看到有人换手指头，专家也认定这些人晚上行动力特别强，小孩子也生得特别多。

有没有人左手大拇指在右手上面的，有没有这样的人请把手举起来一下。根据超过2000次的研究认定：这些人比较会成功，比较会赚钱，我又看到有人换手指头啦！

左手右手拇指差不多的请举手，差不多的，仔细看这群伙伴。这群伙伴经过心理学家1万次以上的研究认定：这些人是自以为性感、自以为聪明、自以为是的人。在坐想成功的举手。没举手的都可以出去罚跪啦！谢谢大家，请把手放下。

请问大家，想成功比较容易成功，还是一定要成功比较容易成功，是哪一个？

觉得一定要成功的请举手。

你们觉得嘴巴说说就会成功，还是要采取实际行动，哪一个比较容易成功的？

是哪一个，觉得要行动比较容易成功的请举手，这群人依然不会成功。

请问大家，一个保险业务代表，一年只行动一次，一年只拜访一位顾客，这个人会不会成功啊？不会嘛！所以行动不会成功。

我问大家，运动身体会不会健康啊？觉得运动身体会健康的请举手，

第三部分 演讲敢精彩，才能真出彩

现在大家不敢举手了。手放下，运动身体不会健康的，一年365天只慢跑一次这样会健康吗？答案是不可能的。所以今天我们要成功不只是要行动。还差了两个字，哪两个字？你们猜猜看——持续。觉得持续行动、持续运动会健康的请举手。

我们调查一下，觉得知识对成功而言是比较重要的，比人脉关系更重要的，请举手，OK。

觉得人际关系比较重要的，请举手，OK。假如两者选一你们选哪一个？你们选知识还是选人脉关系，选哪一个？选知识的请举手。只能选一个。选人脉的请举手。手放下，你们还是答错了。所以，选哪一个比较重要？哪个都是错误的答案。

我问大家你们觉得一个人的头脑比较重要还是心脏比较重要？觉得头脑比较重要的请举手，觉得心脏比较重要的请举手，两者选一个，请问你们选哪一个？选心脏的请举手，选心脏没有头可以吗？选头脑的请举手，还举手，谁的头没有心脏可以活？

假如两者只能选一个你要选哪一个？两者都非常重要。所以，知识好像头脑，人际关系好像心脏，缺一不可。同意的请举手，OK。所以在今天这一个半小时之内呢，我们要来学习……

在演讲的过程中，最容易被记住的演讲者都是会充分调动听众情绪的人。再精彩的内容，如果没有情绪去带动，也会变得乏味。作为演讲者，

需要花时间去探索这些情绪,如果只是简单地向情绪层面上靠,那么可能根本无法达到目的。

当听众的情绪和演讲者的情绪同频共振时,那么演讲者的激情与梦想就是听众的激情与梦想,演讲者觉得"行",听众会感觉自己"也能行"。这就是一个演讲者带给听众的能量。

二、听你讲完,听众觉得"想做那样的人"

汤姆·霍普金斯是当今世界上第一推销训练大师,全球推销员的典范,被誉为"世界上最伟大的推销大师",接受过他训练的学生在全球超过500万人。每年他都会出席全球上百场演讲会,向全世界梦想成功的人们传授销售知识,分享自己的成功经验。

今天,全世界90%的销售培训课程,都来源于他的销售培训系统。他出版的很多经典销售培训书籍,被翻译成了30多种语言,让全球超过5000万人受益。在销售培训方面,他被公认为"造梦大师"和"销售冠军的缔造者"。每个听过他演讲的人,都觉得自己也想做他那样的人。

另一位演讲界的神级人物就是马云。很多人都崇拜马云,甚至有人把他的演讲一场不落地搜集起来,平时说话也喜欢讲"马云说怎样怎样"。

方兴东评价说：三天不听一场马云的演讲，你就 OUT 了。马云最突出的竞争优势就是口才，放眼当下，中国还有谁能把马云 PK 下去？国内大概只有任正非可以。任正非胜在智慧、格局和文化底蕴；马云则在聪明、新知和机智上更胜一筹，听时、看时快感十足。聆听马云演讲，你就能领会什么叫新时代真正的好"鸡汤"。中国真正具备演出级水平的企业家凤毛麟角，马云可以傲视群雄。每一位听过马云演讲的人，都想象着或幻想着自己能够成为"他那样的人"。

听过马云演讲的创业者，大都会热血沸腾，感觉自己也能成为一名很好的创业者，也能打下属于自己的一片天地。

这当然不是说成为像马云一样的富人，而是成为像他那样站在舞台上，用自己的智慧和底气去带动更多的人，用前瞻性的眼光和头脑去带动大家。

那么，如何才能使自己获得更多听众的认可呢？

1. 植入新观点

听众不是全知全能的，总有许多未知的领域，你可以植入一些新的观点。如果你所传播的，正是他们所需要的，就很容易吸引听众；如果你的表达方式新颖，有震撼力，有权威性，听众就更容易接受。通常情况下，人们并不排斥新知识、新观念，如果你的演讲内容确实挺有新意，人们总是愿意接受的。

2. 告诉他们为何错了

也许你并不是要将新知识传播给听众,而是要告诉他们,目前在他们的认知中,某些观点是错误的,需要抛弃。如果你具有足够的权威性,就可以说服听众,改变听众某些固有的错误观点。

当然,纠错时要十分小心。因为听众的错误观点,并不是无缘无故产生的,通常来自他们对过去某些经历所产生的感悟,或者其他权威人士亦或书籍的传授。因此,纠错不是简单粗暴地告诉听众"你错了""你无知""你必须改变",而是要真诚地帮助他们分析为什么是错的。

3. 将知识或观点灌输给听众

从教育学的角度来说,灌输是一种必需的方式,也就是说教育必须具有某种程度的强制性。因此,灌输也可以在很大程度上改变听众的观念,向听众传播更多的知识。当然,这里所讲的灌输是有技巧的,是基于启发、有策略、有方法地输送思想和知识。

4. 给对方一定的利益

利益诱导并不是一种欺骗,而是站在听众的立场去分析,如果采纳自己的意见并采取某种行动,他将得到什么好处。人的本质都是一样的,对自己没有好处,自然不会认可;当你把好处呈现在他们面前时,听众才会对你的话有所触动。

5. 用情感人，以情动人

动之以情可以直接激起人的情感反应，拨动对方的情感之弦，获得情感的共鸣。情感之弦是所有人本来就有的心理积淀，动之以情就是要触动对方原有的心理积淀，调动对方本有的心理能量，促成共鸣反应。单靠理性论据去说服人，过于死板，且效果也会不尽如人意。

人是情感动物，有非理性的一面，动之以情能直接影响与改变他人。

6. 让听众无条件地接受

有一种情况，人们会无条件地接受你的意见，那就是命令与服从。如果你是听众的上级、权威方、长者、委托人等处于优势地位的人，必要时就可以采取命令的方式让别人接受你的观点。但是要注意的是，这个方法仅限于要求别人采取某种行动，而不是要求别人接受某种思想。

三、听你讲完，听众有身临其境的感觉

很多私底下颇有主见的演讲者，上了台却抓不住听众的心，导致下面的人不是在发呆就是玩手机，他自己在演讲的过程中也很尴尬。原因就是听众已经从你本人切换成了面对面的观众，但你的表达方式还没有从"自说自话"调整成"沟通式讲话"。

演讲是将自己的思维装进别人的脑袋，能让在坐的每一个人都接受并广泛传播你的思想。真正的演讲高手能吸引听众、引导听众，让听众犹如

身临其境。

那么,究竟该怎么做才能让听众有身临其境的感觉呢?

首先,让听众轻松理解你的意思。只有设身处地地选择内容导向,才能让自己的发言快速打动不同听者的心。在每一次为发言做准备的时候,你可以先问自己四个解读听众的问题:

(1)听众是谁?

(2)他们为何而来?

(3)你能为他们提供什么?

(4)你希望听众听完后有什么反应?

接下来你还要通过三个自我问答把内容主体部分以线性的方式有序排列出来。

这三个问题如下:

(1)是什么(发现问题)?

(2)为什么(现象分析)?

(3)怎么办(解决方案)?

其次,让听众聚精会神。如果你只是在几十个人的小会议上作简短讲话,那么只要用扁平式表达结构把发言内容变得精简、生动、有条理即可。但如果你是在更多人的会议上作稍长一点的讲话,你就会发现人多的场合难以控制现场秩序。此时你必须要通过漂亮的开头和结尾,为自己的发言迅速增色。那么，怎么做好开头和结尾呢？

开头：在熟悉的事物中植入陌生感。许多人喜欢在演说一开始就迫不及待地亮出自己的新观点并围绕它提出个人见解。但对于普通人来说，无论你的新观点有多酷炫，在短时间内更能引起听众关注的，永远是那些他们日常熟悉的事物。

所以，要想制造一个较好的开头，就要找到一种大家都很熟悉的事物，从中植入自己的新观点。比如，著名学者刘文典有一次在公开课上讲话，中心内容是教学生怎样写出一篇好文章。

他上台后仅授以"观世音菩萨"这个耳熟能详的词。在学生产生兴趣却云里雾里时，他接着解释："'观'乃多多观察生活，'世'乃需要明白世故人情，'音'乃讲究音韵，'菩萨'则是要有救苦救难、关爱众生的热心肠。"他这种新颖的表述让学生们恍然大悟，至此对老师所授写作秘诀终生难忘。

结尾：升华观点，产生共鸣。一场成功的演讲还要有一个优质的结尾，最好能达到余音绕梁的效果。

如果说好开头的作用是把听众的注意力快速引到你要表达的观点上，那么好结尾的作用就是把听众的注意力从你所演讲的具体内容再带到一个更高的共鸣点上。

最后，想要让听众有身临其境的感觉，还要现身说法来显示真实感，

营造亲切可信的气氛。

著名推销员罗伯尼有一次去美国某大学演讲"成功术"。他以自己的减肥为话题展开演讲,着重论证事在人为,从而为听众鼓劲。他说:"站在你们面前的这个人,156磅重,但他曾经不是这样,而是一个重达207磅的'圆球'!假若有人需要减肥的话,其实是一定办得到的。我——罗伯尼做得到,相信你们也一定能行!"

此话一出,人人都翘首以待听他的"成功真经"。可见,如果演讲者能把自己的亲历亲闻运用到演讲中去,就会给予听众亲切、真实、可信之感,这样就可调动起听众的热情,自然也就增强了演讲的感染力,让人产生身临其境的感觉。

第13讲 互动做得好，演讲成功一半

一、技巧提问，舒缓节奏，带动气氛

心理学上有个十分有趣的现象。如果 10 分钟之内没有把一个人的思维和头脑调动起来，很可能 10 分钟后他的思维就开溜了。演讲需要注重现场的互动。要在适当的时候对听众提出问题，既有利于舒缓演讲节奏，又能带动气氛。

演讲者提问题一般有以下几种。

1. 封闭式提问

封闭式提问的答案限制在有限个数，答案是或者否、对或者错等。其好处在于听众容易回答，也便于表达者征求意见，当然，这种提问，回答的面太窄，不利于听众进一步阐述自己的观点。如，大家对我说的这个观点有什么问题吗？

2. 开放式提问

开放式提问的答案是不固定的，通常"为什么""是什么""怎么做"等开头的问题都属于这一系列。但是开放式提问也有风险，演讲者有时很

难控制住局面,尤其是对自己所提出的问题自己心里没底的时候。比如,为什么"文化"要比"知识"重要?

3. 整体式提问

整体式提问是指演讲者提出一个问题,让所有的听众回答。整体式提问的好处在于能够迅速抓住听众的注意力。这种提问方式的风险是,在你问所有人时,每个听众心里也许都在想,反正有人会回答,不关我的事,最后可能谁也没有回答你的问题,导致出现冷场。如果出现这种情况该怎么处理呢?比较好的方案是等待,积极地等待,且在等待的同时学会寻找那些目光敢于迎向你的听众,你要学会面向他,微微地用手向上抬一抬,然后用你的眼睛暗示他一下,得到这样一个积极肯定的信号后,他就会顺势而起,表达自己的观点。或者你可以这么说:"我知道大家都在思考这个问题,我也先把我对这个问题的看法抛出来,以供大家讨论。"

4. 直接提问法

直接提问法是指定某个听众回应你的问题,这样做的好处是你的问题提出来后会有一个去向和着落,但也存在潜在的风险,即如果你指定的听众的回答不着边际、天马行空,或者含糊其词、支支吾吾,你还要想其他办法去化解。

演讲时,运用技巧直接提问来舒缓节奏,通过互动让听众参与其中,一定会取得不错的演讲效果。那么,我们该如何互动呢?

首先,寻找听众与自己的相似点。人们会主动寻求与自己相同或者相似的事物而排斥不同或者相反的。人们的相似点越多,越能产生彼此一见如故的感觉。那么,相似点来自哪里?比如:背景、兴趣、年龄、职业、家乡等。他们在不断发现相似点的过程中,就会一步一步拉近彼此之间的距离。

其次,谈论对方的兴趣点。著名罗马诗人西拉斯说:"我们对别人感兴趣,是在别人对我们感兴趣的时候。"在演讲的时候,要多说听众感兴趣的话题,不要自己在一边信口开河。这样才能找到突破口,把你的精神产品——演讲,出售给听众,让他们乐于接受。从这个意义上说,演讲者在演讲的时候,听众的兴趣点就是演讲者的出发点。

最后,不轻易打断听众的发言。在与听众互动的过程中,沉默寡言的听众一旦说话,就不要轻易打断。如果听众语言表达能力欠缺,他的内心很紧张,希望快点儿结束问答,此时演讲者的打断类似于"救助"行为,听众会停止发言而用"是"或者"不是"来回答演讲者的提问,立刻减弱互动氛围。

正确的做法是听众在表达观点期间,我们对听众的表达给予积极反馈,当听众在断断续续地回答问题时,我们要用肢体语言进行鼓励和认可。

二、与听众互动

我们经常看到歌手在台上唱到激动之处的时候,会跟下面的观众握手互动,甚至有的观众会跑上台来给歌手献花、与歌手拥抱。事实上,演讲者和歌手一样,面对台下众多听众,适当地进行肢体互动,能收到意想不到的效果。

最直接的身体语言就是握手。握手的力量、姿势和时间长短往往能表达对握手对象的不同礼遇和态度,显露自己的个性,给人留下不同印象;也可以通过握手了解对方的个性,从而赢得互动现场的主动权。美国著名盲聋女作家海伦·凯勒说:"我接触的手有的能拒人千里之外,也有的充满阳光,让我感到很温暖。"

握手之外的温暖动作就是拥抱。演讲者可以和听众互相拥抱,在互动中也可以让听众相互拥抱。

有一次我听一位老师的演讲,他说:

"大家对你们身边的人会有所戒备吗?或者说你们信奉不跟陌生人讲话吗?我们今天能聚在一个屋子里,本身就是前世几百次回眸修来的。我想问大家,你们有没有勇气给坐在你们左右的人一个拥抱?"刚开始大家面面相觑,谁也没有主动去拥抱身边的人,尤其女士更是拘谨。接着老师又说:"你们每个人都想成为真正的销售高手,都敢于跟陌生人打交道,现场你们都坐在彼此的旁边,按道理已经不算完全陌生人了,你们却不敢

第三部分 演讲敢精彩，才能真出彩

下手了？（现场笑声）再试一下，看看自己有没有敢于突破的勇气？"这个时候，大家放开了，都互相转身轻轻拥抱了对方。老师带头鼓掌，大家也开始鼓掌。

接着老师说："我们今天演讲的主题就是'如何突破自己'，我看大家放下矜持，敢于向身边的朋友行拥抱礼，这就是突破自己的第一课。"

这就是演讲过程中典型的互动。

高级讲师罗振宇在一次跨年演讲时，他一上台就抛出一个话题："一年过完了，对你来说，这一年哪一天你认为很重要？"问题一抛出，现场观众都开始作思索状。可以想象，即使不在现场的人，看到电视机里有人这么问，也会回顾自己的一年，思考这个问题。这个问题，使演讲者一下子就与听众同频和互动。接着罗振宇对大家说："我相信大家会有很多答案，但对于我来说，就是今天，感谢各位朋友来听我的演讲。"此话一出，博得阵阵掌声。此后整场演讲现场的听众都非常投入，这就是一种巧妙又典型的互动，抛出一个新鲜话题让听众产生很强烈的代入感，当大家去思索时，演讲者恰到好处地发表自己的观点，再加上情感的流露，听众更容易被触动，效果不是一般地好。

一个小小的互动，既活跃了现场气氛又感动了现场的听众。

再看另外一个案例。

有位演讲者演讲到中途时，台下噪声四起，特别是女性还交头接耳、

窃窃私语，演讲者眉头一皱，计上心来。立即停止演讲，高翘起左手大拇指说："在场的男士们，就像大拇指——好样的！"男士们听了齐声叫"好"；他又伸出小拇指大声说："在场的女士们，就像小拇指。"女士们沸腾了，高声抗议。演讲者接着说："女士们像小拇指，小巧、伶俐、苗条、秀美、聪慧！"女士们听了，转怒为喜，报以热烈的掌声。他又举起大拇指说："男士们像大拇指：健壮有力！坚定稳重！一夫当关，万夫莫开！"男士们又欢呼雀跃了。演讲者同时伸出大、小拇指说："大拇指和小拇指，都是好样的！"又伸出五根指头说："中间的指头，像老人和孩子居于中心位置，成为保护对象！正是这五根指头团结一致，协调配合，力量无穷，才创造了整个世界！"大家都热烈鼓掌。他又高翘起大、小拇指问："有哪位女士愿意做大拇指，哪位男士想当小拇指呢？"台下鸦雀无声，演讲者又继续演讲。

互动做得好，演讲就能成功，这是一条值得牢记的真理。

三、做一些小游戏

游戏属于老少皆宜的一种活动。当演讲者遇到枯燥无味的演讲或不太活跃的现场气氛时，做一些小游戏能为演讲增添不少趣味，也能使互动进行得更为顺畅。

有位演讲者一上台就问："朋友们一起来做个游戏，好不好？"听众兴趣徒增。接着，他指导听众："请将左右手腕到手掌边缘的横纹相叠对齐，然后左右手掌重合，再看右手比左手的中指是否要长一点点？"他指导听众操作，自己又示范，形成模仿式互动。结果大家果然发现右手比左手的中指要长点儿，这更加激发了听众的好奇心。演讲者又说："刚才这个游戏是一位所谓的大气功师的表演。他先装模作样地向听众发气，然后再指导听众做刚才的游戏。结果人人都发现自己右手指比左手指长一点儿。气功师说这是他发气的结果，大家深信不疑。我当时也被愚弄了。朋友们，我可没有愚弄大家的意思啊！"听众大笑之后，演讲者进入正题：我今天演讲的题目是"相信科学，不受愚弄"。然后他才入题演讲，效果非常好。

演讲者以游戏的方式与听众形成模仿式互动，既激活了听众的好奇心，又巧妙地增强了听众的参与意识，同时也集中了听众的注意力。因为听众全神贯注地参与了互动活动，所以当演讲者亮出与互动相关的主题"相信科学，不受愚弄"时，前面的互动与后面的主题相互辉映，听众自然对后面的演讲产生了更大的兴趣。模仿式互动使听众更容易跟随演讲者的思路走，但也要注意动作不要太复杂，以免听众难以"学样"；动作幅度也不能太大，以免引起全场的混乱，难以收拾局面。

有一次我参加朋友的婚礼，婚礼司仪现场给大家作了一个简短的演说，当时司仪让大家与他一起玩一个小游戏。

首先大家伸出两手，将中指向下弯曲，对靠在一起，就是中指的背跟

背靠在一起。然后将其他的4根手指分别指尖对碰。在开始游戏的正题之前，司议说："请确保以下过程中，5根手指只允许一对手指分开。下面开始游戏的正题。请张开你们那对大拇指，大拇指代表我们的父母，能够张开，每个人都有生老病死，父母也会有一天离我们而去。请大家合上大拇指，再张开食指，食指代表兄弟姐妹，他们也都会有自己的家庭，家人也会离开我们。请大家合上食指，再张开小拇指，小拇指代表子女，子女长大后，迟早有一天，会有自己的家庭，也会离开我们。最后，请大家合上小拇指，再试着张开无名指。"这个时候，大家惊奇地发现无名指怎么也张不开。

司议接着说："因为无名指代表夫妻，是一辈子不分离的。真正的爱，黏在一起后，是永生永世都分不开的。"

该游戏一做完，现场的新娘和新郎都被感动得落泪了，大家也对司仪报以热烈的掌声。这个司议没有长篇大论地讲爱情的高尚和婚姻的神圣，只是用一个小游戏就调动了全场人的情绪，既应情又应景。

由此可见，演讲现场的任何一个细节都不能忽视，包括演讲者与听众互动时的小游戏，这就要求我们平时要多看书、多学习，善于观察、善于积累，这应是每一名演讲者对待演讲的最基本态度。

第14讲 营造"磁场效应",放大吸引力

一、讲有意义的别人才认同

TED Global 活动的策划者布鲁诺·吉萨尼说:"经常会发生这样的事情,你坐在观众席上听某人演讲,你知道这个人可以讲得很好,可演讲者正在发表的演讲却并非如此。"

所以,一名演讲者要想放大吸引力赢得听众的认同,首先要言之有物,知道演讲的重点是"讲一些有意义的事情",这是演讲者很难做到并且亟须提高的一个能力。

演讲舞台可以通过漂亮的幻灯片和完美的音响来呈现,但是,如果演讲中没有任何实质性的内容,那演讲者所做的最多也只是娱乐观众。发生这种悲剧的最主要原因是,演讲者并没有对整场演讲进行适当的设计。他可能对每个要点甚至每个字句进行了斟酌,却未在整体设计上下功夫。

我们知道,写小说需要有一个故事主线,拍电影需要有一个故事发展脉络,演讲也是如此。每场演讲都应该有一条主线。既然你的目标是

将某种思想植入观众的内心,那你就应该将主线想象成一根结实的线或绳索,你可以在上面缀上你要建构的思想的所有碎片。这并不意味着每场演讲都只能有一个主题,只讲述一个故事,或者只朝一个方向行进而不能有任何偏离,而是需要你将所有的碎片都串联起来,为你的演讲主题服务。

主题是演讲的灵魂。它决定演讲思想性的强弱,制约着演讲材料的取舍和组织。没有明确的主题,演讲就如同没有灵魂的木偶雕像,即使讲得天花乱坠,也会让人觉得不知所云,不解其意。

"苹果之父"乔布斯每次演讲前都会对要讲的内容进行定位,设定一个主题,让他的听众对接下来的演讲内容有一个全局性的了解。就以苹果大会乔布斯回归宣言的演讲为例,他在最开始讲了寥寥数语的客套话之后,就直接揭示了此次演讲的主题,即"如何让苹果重整旗鼓"。他是这么说的:"非常感谢大家的热情欢迎……为使苹果重整旗鼓,我们将要采取一些措施。"他这样一说,听众会立刻听出演讲的意义所在。

我们作演讲最重要的任务就是引导听众做出行动,让世界和生活越来越好。我们为什么要作这个主题的演讲而不是另外一个,我们提出来的这个问题要有行动导向,要让听众知道,在听完你这个演讲之后我需要做什么,我能够做什么。

例如,TED演讲中,有一次演讲的主题是号召人们每天少用一张纸,

第三部分 演讲敢精彩，才能真出彩

一年下来，就可以拯救好几个大兴安岭。有了这样一个数据的支撑和具体行动的结论，听众听了这场演讲就会明白，自己从这个演讲当中获得了什么认识，应该怎么去行动。

在以色列顶尖学府特拉维夫大学授予马云荣誉博士学位的时候，他发表的如下演讲非常有意义，演讲全文如下：

如果你在学校学得不好，不要担心，等20年吧，你可能会去一个更好的大学，比如特拉维夫大学；如果你没法成功找到工作，不要担心，你可以考虑成立一家公司，这家公司有一天可能就会成为阿里巴巴。

以色列的朋友跟我介绍，120年前我脚下这一片土地上只有沙子和树。今天当我站在这里时，面对你们伟大的愿景、你们的创造力、你们的智慧，我感到了接受这个博士是何等荣耀。我更没有想过能有此荣耀代表各位，你们中有科学家、政府官员、总统、记者、艺术家……我很荣幸成为你们中的一员，我会秉持谦虚的态度。所以，请允许我接受这个荣誉，这不仅仅是我个人的荣誉，更是对这个世界上无数为生活和未来而战的创业者、企业家的认可。

来以色列，这件事我期待了很多年。几天前，我刚来到以色列，这里和我所听说的完全不同。总有人说这里不安全，这里有炸弹，有机关枪……

到达这里的第一天我就非常意外：这里生活宁静、经济繁荣、科技创新……我觉得我来得太晚了。因为这儿有伟大的大学，我要再多来几次。

我们学到的就是你不要去阅读和以色列相关的东西,你应该亲自来感受和触摸。这次我带了公司40名高管来,目的就是来学习和感受的。

多年前,我创建阿里巴巴。在我很艰难的那段时间里,有朋友跟我说,如果你们想变成更强大的自己,就去以色列看看。在我心中,以色列一直代表着智慧、创新、坚持……

在过去的19年里,阿里巴巴经历了很多。我们有失败,有挫折,有错误。我不止一万次对自己、对同事和朋友们说"永不放弃"。而在这里,我发现了一大批生来就相信"永不放弃"的人。他们正是以这样的精神,在过去70年里创造了这里的奇迹。

这里没有一颗钻石,但是有全球最大的钻石交易所;这里没有汽车制造厂,但是有全球最好的汽车技术……这里没有石油,没有淡水,没有资源,什么都没有,但是依然可以这么强大。

阿里巴巴成立的时候,我们什么都没有。没有人相信我们可以成功。19年来,我们犯了无数次的错误,有过无数次的失败和挫折,我们唯一做对的,就是永不放弃。在开始创业的时候,我们同样一无所有,我们唯一拥有的是世界上最珍贵的宝藏——头脑。

我们都经历了那么多苦难和失败。正是艰难的人生让我们如此与众不同。今天犹太人赢得22%的诺贝尔奖,而人口只约占世界人口的0.3%。这几天我见到了很多伟大的科学家、哲学家、创业者,我问他们为什么犹太人这么聪明？他们告诉我：因为犹太人多年流离失所，他们什么也带不走，除了自己的头脑。所以犹太人关注教育，关注智慧，而不是关注财富。所以我可以感受到，生活可以非常艰难，但是我们的智慧、勇气和爱都源自艰难的生活。在以色列，我学到了一个词：Chutzpa——挑战传统的勇气。我相信这种精神属于21世纪，属于第三次技术革命，属于未来。

每个人都是独一无二的，每个人种、每个民族、每个国家都是独一无二的。过去我们把人变成了机器，未来把机器变成人。我们确定未来人们会生活得更好，机器要做机器能做的事情。不用担心机器会超越人类。人类有心，而机器只有芯片。机器可以更聪明、快速、强壮，但机器永远不会有爱。

如果你想要成功，你得有IQ（智商）和EQ（情商）。但是如果你想要受人尊重，你需要拥有LQ（爱商）。人类能做很多机器不能做的事情。IT时代，IT是控制思想；DT时代，DT是创造思想。IT是为了自己越来越强大，而DT是让别人越来越强大，只有别人好，邻居好，自己才能好。未来经济一定是共享、透明的，这和担当有关。我们应该合作，共同解决未来的问题！一起为年轻人，为下一代，创造一个更加和平、绿色、可持续的世界。再一次感谢这次精彩而难忘的活动。我认为这种荣誉和典礼，是号召我们做得更多，付出得更多，承担得更多。Yalla，让我们共同努力。

所以，我们在作一场好的演讲之前，要提出一个有行动导向的问题，从而确定主题。得出结论的时候最好是用"我们应该怎么做，从而……"

这样的句式。

当然,主题的准备不必目标高远,但一定要言之有物,你的话有意义才是最主要的。

二、通过"思想"传递"希望"

有句话说得好:任何人,只要拥有值得分享的思想,就能发表精彩的演讲。所谓思想,并不是全都要求演讲者像乔布斯那样能讲出"苹果禅",也不是全都要求演讲者像马云那样讲出创业理念和商业智慧。演讲者或许只是讲出一个简单的方法,一个意义美好的愿景,或提醒听众生活中最重要的东西,都能叫"好思想"。

如果演讲者能够通过自己的演讲,在人们的内心唤起某种有正面价值的思想,那么就是做了一件非常奇妙的事情。如果那样,演讲者的思想就成了听众生命中最重要的一部分。演讲的唯一目的是分享有价值的思想,而且要用独特的方式真诚地与听众分享。在公众演讲中,唯一真正重要的东西不是演讲技巧,而是有价值的思想。我们不缺演讲的套路和方方面面的技巧,最缺的是如何从你自身的经历和思考中发掘有价值的思想,并通过清晰的演讲主线和结构表达出来。

奥巴马创造了历史,是美国历史上第一位有黑人血统的总统。他是靠什么赢得选民的?有人说,因为有很多黑人支持他。实际上,据调查,不仅黑人支持他，很多白人也支持他。有人说，金融危机帮了奥巴马的忙。那么，金融危机为什么没有帮同样是民主党候选人的希拉里、共和党候选人白人麦凯恩的忙？很多人都听过奥巴马的演讲。他在演讲中，经常提到一个词，这个词就是Change（变化、变革）。

面对困境，希望从哪里来？变革（Change）！金融危机爆发后，布什政府一筹莫展，共和党人麦凯恩也没有拿出大的改变或改革方案；民主党人奥巴马的"变革"（Change）形象则给大家带来了希望，大家最终选择了奥巴马。可见是"给大家希望"决定了选民投票趋向。

由此可见，领导人给人的希望有多大，人们对领导人的评价就有多高。奥巴马给美国选民带来了变革的希望，选民就选择他做美国总统。给人们带来希望、传递希望，是领导者必须做的功课。

马丁·路德·金为什么能蜚声世界？一个黑人靠什么赢得众多美国人的尊敬？靠什么赢得世人至今对他的喜爱和纪念？

马丁·路德·金出生于1929年，是著名的美国黑人民权运动领袖。他最有影响力的一场演讲是1963年8月28日的《我有一个梦想》。这场演讲迫使美国国会最终在1964年通过了《民权法案》，宣布种族隔离和种族歧视政策为非法政策。

为了纪念马丁·路德·金，1986年1月，美国总统罗纳德·里根签署法令，规定：每年1月份的第三个星期一为美国的马丁·路德·金全国纪

念日,并将这一天定为法定假日。迄今为止,美国只有三个以个人纪念日为法定假日的例子,另外两个分别是纪念发现美洲大陆的哥伦布和纪念美国国父乔治·华盛顿。

每个听过马丁·路德·金演讲的人都不会忘记,他不但让世界人民都感受到了他的魅力,还给大家传递了梦想,告诉人们,黑人也会成功,让所有站在演讲台前的听众心潮澎湃,激动万分。这个梦不仅是黑人的,更是所有希望改变现状的人的。

伟大的领袖,首先应该是伟大的造梦者,他们通过提出梦想和指明实现梦想的道路来引领大家前进。所有的人都渴望成功,领导者会给人们传递梦想,并提供实现梦想的通道。

三、找出演讲的"关键词"

演讲者无论是讲出或解说有意义的事物,还是用好思想给听众传递希望或梦想,都不能拖泥带水,含糊不清,而是要找准"关键词",说到点子上。

绝大多数的演讲者,会犯逻辑混乱、思路不清、开口滔滔不绝的错误。他们对自己演讲的内容没有任何概括提炼,再加上思路飘浮,想到什么说什么,结果所讲的离题万里,听众不知所云。

有人问柳传志如何管理,他只说了九个字:"定战略,搭班子,带队伍"。其实,联想集团几十年的发展真可以说是波澜壮阔,别说九个字,就是用九万字来讲也不过分。但是,用九个字高度概括,更容易让人记住。

关键词需要提炼和概括,常见的有以下几种方法。

1. 概括

如果是即兴演讲,就可以围绕立题,迅速地在思绪中确定三个关键词,然后围绕这三个关键词分别展开,既不会忘词,也不会思路混乱。比如,"健康"话题。如果要讲"如何确保自己的身体健康?"可以从三个关键词入手:饮食、运动、心态。具体来讲就是:第一,合理饮食;第二,科学运动;第三,保持良好心态。这三点,逐一展开,演讲多半会非常精彩。

关键词概括的要点在于三点:扣题、取舍和分解。

(1)扣题。演讲时,即使你思绪万千,也要要求自己紧扣立题去抓取关键词。而且,即使你想到的是长句子,也要在长句子里把关键词找出来,而不要试图记忆长句子。

(2)取舍。演讲时,不能把所有想到的素材都用上,一定要舍掉无意义的故事、警句。将过多的素材堆砌在一起,会让你陷入混乱与离题的困境。掌握好取舍,就能让你的思维聚焦到关键词上,让自己思路清晰。

(3)分解。演讲时,只选三个关键词。如果找不出三个关键词,就用一句高度概括的话,把几个有价值的关键词囊括进去。比如,夸某人——"他非常讨人喜欢:第一,他热情、聪明、上进,充满活力;第二,……"用这段话拿来夸人,完全没有错,可是说到第二点,似乎就没有词儿了,

很难将话讲长一点儿。因此,你必须学会分解,把一句话掰成几句话来说。比如,"他非常讨人喜欢,第一,他待人热情……第二,他很聪明……第三,他积极上进……"要把"热情""聪明""上进"三个关键词分开,然后各自纵深展开。

2. 串联

偶尔得到一个成语、俗语或姓名,可以将其作为一个关键词,可以将偶尔所得逐字分开解读,把自己的观点融入其中。比如,流行的"白富美""高富帅"等就是使用这种方法创造的新名词。再如,"白骨精"以前指的是《西游记》中的妖精,现在指的却是白领、骨干与精英。

3. 数字

数字串联法是在关键词的基础上,再用数字来串联,引起听众注意,使听众容易记住。在中国官方话语体系中,这种概括特别多,如"一个中心,两个基本点""三个代表""四个现代化"。

如此,不仅可以重点突出,容易让人明确你的观点,还能避免啰唆重复。演讲者简洁的语言让听众听起来很愉快,也使演讲显得层次分明,有利于展现思路。

第三部分 演讲敢精彩，才能真出彩

第 15 讲 演讲过程中，别让现场冷场

一、拿什么吸引听众

在任何一种对话当中，不管是有意还是无意，说话人首先要确定的是"以什么样的身份说话"和"对什么样的角色说话"的问题。演讲者要使自己的演讲不冷场，首先要拿出一定的本事来吸引听众听你讲下去。这个本事既可以是幽默风趣的故事，也可以是妙语连珠的风格，还可以是浅显易懂的大白话，甚至是上台之后的"短暂沉默"也是一种演讲风格或策略。

我听过一场演讲，演讲者上台后，近半分钟不说一句话，似乎在等待台下静下来。台下安静了，他还是一句话不说，直到整个会场空气快凝固、听众快坐不住了，他才慢慢地将一枝玫瑰从背后移到了胸前。他仍旧没有说话，只是闭上眼睛，对着花深情地闻了几秒钟。现场听众都屏息以待，要看看演讲者葫芦里卖的是什么药。演讲者这时才从容地张开"尊口"。他的演讲内容大致是：有时事业顺风顺水，好事接二连三，就像这朵绽放的玫瑰，美丽芳香。但突然有一天，倒霉的事情接踵而来，你不仅丢掉了工作，还失去了多年的爱情，命运就像这些凋零的花瓣（他把玫瑰花撕成

一片片抛在地上),甚至更有厄运在等待着你(他又用脚碾碎了地上的花瓣)……在这场演讲中,演讲者以无声的"巨响"开启了关于人生的讨论。

所以,只要你会讲,找到属于自己的独特风格,面对不同的听众采用不同的语言,就能吸引听众。

国学应用大师翟鸿燊在一次关于《如何理解沟通的多样性》演讲中是这样说的:

"沟通的多样性,就是要跟各种各样的人打交道。因为人脉就是钱脉,关系就是实力,朋友是最大的生产力。一家企业营销做得好不好,看看它有多少终端客户以及开发终端客户的能力就知道了。同样,一个人的水准怎么样,看看他周围的朋友就知道了。因为绝大多数情况下,你的财富跟你最要好的朋友的平均值有关系。你想成为什么样的人,就要和什么样的人混在一起。同流才能交流,交流才能交心,交心才能交易。万丈红尘三杯酒,千秋大业一壶茶。你每天跟谁在一起喝酒、喝茶、聊天,那就是你的格局。你的财富和成就,不会大于你的思维格局。在21世纪,我们的事业、财富、成就,都取决于我们跟多少人发生关系、和什么人发生关系以及发生关系的程度。所以,我们要打开心胸,广交有利于生活、有利于事业的朋友。"

翟鸿燊首先用"就是要跟各种各样的人打交道"这句话来点出要点,简洁明了。接下来,用"人脉就是钱脉,关系就是实力,朋友是最大的生

产力""同流才能交流，交流才能交心，交心才能交易"这类格言式的警语论证多向沟通的重要性，言简意赅，寓意深刻。其中又穿插"一个人的水准怎么样，看看他周围的朋友就知道了""你想成为什么样的人，就要和什么样的人混在一起""你每天跟谁在一起喝酒、喝茶、聊天"……他的这种类似朋友聊天的大实话，话语直白，浅显易懂。

道理很深刻，但用来阐述道理的语言和论据很浅显，让任何层次的朋友都能一听就懂、会心领悟，这是一种重要演讲能力。普通的演讲者要不断训练自己这种在不同场合使用不同语言技巧的能力。

除了演讲的策略和风格之外，避免演讲现场冷场的方法如下。

1. 变换话题

在演讲时，如果出现听众打盹、冷场的情况，演讲者不妨变换一下你的话题，这样也可再次吸引听众的注意力。可以插入一些趣闻逸事来活跃气氛，因为趣闻逸事是人们津津乐道的闲谈内容，只要抓住听众喜欢听的话题，听众就会活跃起来，注意力也会更快集中起来，这时，演讲者再将内容转回原来的演讲内容上，效果会非常好。

2. 制造悬念

一个好的悬念会吸引听众的关注。演讲者在演讲过程中，适当制造悬念会令演讲者成为听众关注的中心，可以有效吸引听众的注意力，将演讲内容更准确地传达给听众。所以，每当演讲出现冷场时，演讲者制造悬念

会很快吸引听众的注意力。

3. 提问

在演讲过程中,适时地提问会令演讲气氛活跃,也会令听众更喜欢这场演讲。每当演讲气氛变得沉闷时,演讲者不妨向听众提一个问题,然后让听众来回答。演讲者的提问会令听众不由自主地去思考,也能让听众踊跃回答问题。但要注意,当一个听众作答后,演讲者要向听众道谢,再转向下一个听众发问,这样就不会担心控制不了场面了,演讲者永远都掌握着主控权。这时,演讲者将自己与听众的心理距离拉近,适时地赞美听众,拨动听众的心弦,以激起听众的共鸣,就可令听众对演讲产生兴趣,也打破了冷场的局面。

二、听你讲对我有什么好处

人性中有一个本能,无论做事还是听演讲,首先想到的是这件事或这场演讲对我有什么好处?尤其是在听众对演讲主题非常熟悉的情况下,更容易产生先入为主的观念:我已经熟知的内容,为什么还要听你讲呢?

有一位演讲家就遇到过这样的事情。他走上演讲台说:"今天,我们演讲的主题是人性的弱点。"话音刚落,下面有一位听众就站起来说道:"整本书我都已经看过了,我为什么还要花时间听你讲呢?"这位演讲家听后,微微一笑,说道:"您已经将今天的主题说出来了,我还没有讲,

您如何知道我要讲的是什么呢?"那位听众很不服气,但也没有说什么,直接坐了下来,双手交叉于胸前,一副看好戏的样子。这位演讲家在演讲过程中,加入了最近发生的一些热门事件,同时,让听众也参与讨论,让听众分析事件中的人性弱点。一场演讲下来,那位开始唱反调的听众也渐渐"入戏"了。

每位听众对一件事情都会有自己的看法。演讲者要想让听众相信自己的想法,就要采取一些新颖的方式来吸引听众的注意力。演讲者只有将听众带入演讲内容当中,听众才会想继续往下听,想得到"我为什么要听你讲"的答案。而内容创新及演讲者的专业程度无疑是很好的解答方式。

演讲者要牢记的重要原则是演讲是给予,而非索取。即使是一个销售演讲,在商务背景下你的确是在进行推销,那你的目标也应该是给予。优秀的推销员会站在观众的立场上,想象如何才能更好地满足他们的需求。人们来听演讲,不是想被推销产品。听众一旦意识到你是推销代理,他们宁愿去看电子邮箱。这就像是你答应和朋友一起去喝咖啡,令你失望的是,她真正的目的却是跟你讲她的投资计划,那么,你立刻就会心生厌烦。

分享思想与推销之间的界限在哪里?对这个问题的回答可能不尽相同,但必须遵循的重要原则是给予,而非索取。

有个案例:

当美国人权律师布赖恩·史蒂文森(Bryan Stevenson)进行TED演讲时,他的律师所急需100万美元才能在美国最高法院继续办理一起重要案件。但布赖恩在演讲中从未提及此事,而是通过他的故事、智慧、幽默和启示,改变了人们对美国社会不公正现象的认识。演讲结束时,观众不约而同地起身鼓掌,掌声持续了几分钟之久。猜猜后来发生了什么?他离开会场时,得到了与会者130多万美元的资助。

所以,高明的演讲者就是要给听众带来实际的好处。这个好处就是不要急于向听众索取什么,而是时刻想着给予听众什么。

三、给听众观念之前,先塑造观念的价值

在我参加过的一次演讲大会上,有一位演讲者的开场是这样的:"我在来这里的路上想,也不知道该跟大家讲些什么……"接下来他就漫无目的地罗列了很多观点。他罗列这些观点虽然没什么危害,但也没什么益处,对于听众既没有启发性,也没有体现出什么价值。

有个演讲师说过:"当人们坐下来听你演讲的时候,他们给你的是某种非常宝贵的东西,某种一旦给予便无法收回的东西,那就是他们的时间和精力。而你的任务就是要充分利用好他们的时间和精力。"

因此,如果你希望给予听众一种奇妙的思想,首先你必须花时间准备。给听众传递观念之前,先塑造观念的价值。

第三部分 演讲敢精彩，才能真出彩

一个观念能被他人接受，这个观念肯定有价值。因此，当演讲者提出一个观念的时候，不但要将这个观念的意义及内容了解清楚，更重要的是塑造这个观念的价值。

我们看一个简单的例子。

20世纪20—30年代，美国有一位营销天才，这位天才被邀请给一家啤酒公司作咨询。

这位营销天才到了这家企业后，先参观了这家企业的生产车间，了解了这家企业的啤酒制作过程。他细心地观察每一个生产环节，他发现原来酿酒的过程是十分复杂的。不但要在酿酒前打一口400米深的井，作取水用，还要对200多种酵母进行测试，从中找出一种味道最好、最适合的来做实验。在产品检验时，他们会在一批啤酒中随机抽取一瓶做检验，并由多位专业品酒师品尝，如果口味不符合要求，这一整批的产品都将作废。

当了解了整个制酒过程后，这位营销天才非常震惊，说："原来简简单单的啤酒需要这么复杂的过程，你们为此付出了这么多。既然如此，你们为什么不将这些告诉消费者呢？要知道，这就是价值！"

于是这位营销天才帮这家啤酒厂设计了一个市场营销方案，他写了一整版的广告，挖掘出这家啤酒企业的产品价值，结果，这家啤酒厂的销售业绩猛增。

演讲者塑造一个观念的价值时，需要满足以下几个条件。

1. 这个观念的提出，能引起人们的注意

如果一个观念很普通，只是一些没有力量的总结话语，这样的观念往往容易被人们所忽视，而忽视的结果就是当演讲者努力塑造价值后，人们却对此不屑一顾。

2. 观念需要保留来源

每个观念的提出都有来源，演讲者要保留这种来源，最好能在提出观念后，以来源作为事例，为听众解惑。

3. 演讲者在提出一个观念后，要考虑其价值

比如，有的观念对人们的生活或思想能起到积极促进作用，而有的观念却丝毫没有实用价值。演讲者对没有实用价值的观念塑造价值就是毫无意义的。因此，演讲者塑造观念价值，需要有一定的选择。

演讲者面对着诸多的听众，在表达自己的观念时，要全面而慎重，当宣传自己的观念时，也要将观念的价值体现出来，只有这样，听众才会接受，演讲者的观念才能顺利地从个人的偶然所得变成可以共享的思想财富。

四、吊足听众的胃口

小说、故事或电影之所以好看，是因为设置了悬念，让读者总有往下读、往下看的欲望。成功的小说和电影如此，成功的演讲也是如此。

演讲者在演讲稿的设计上，首先要考虑听众想听什么，然后根据他们被激发起来的欲望用演讲的观点去实现。下面是一个吊听众胃口的极好案例。

美国有个卖香烟的商人到法国去做生意。一天，在巴黎的一个集市上他就抽烟的好处夸夸其谈。突然，从听众中走出一位老人，径直走到台前，那位商人吃了一惊。

老人在台上站定后，便大声说道："女士们，先生们，对于抽烟的好处，除了这位先生讲的以外，还有三大好处哩！"

美国商人一听这话，连向老人道谢："谢谢您了，老先生，看您相貌不凡，肯定是位学识渊博的老人，那就请你把抽烟的三大好处跟大家讲讲吧！"

老人微微一笑，说道："第一，狗害怕抽烟的人，一见就逃。"台下一片轰动，商人暗暗高兴。"第二，小偷不敢去偷抽烟者的东西。"台下连连称奇，商人更加高兴。"第三，抽烟者永远不老。"台下听众惊作一团。商人更加喜不自禁。要求解释的声音一浪高过一浪。

老人把手一摆，说："请安静，我给大家解释。"

商人格外兴奋地说："老先生，那就请您快讲。"

"第一，抽烟人驼背的多，狗一见到他以为是在弯腰捡石头打它哩，能不害怕吗？"台下笑出了声，商人吓了一跳。"第二，抽烟的人夜里爱咳嗽，小偷以为他没睡着，所以不敢去偷。"台下一阵大笑，商人直冒冷汗。"第三，抽烟人很少长命，所以没有机会衰老。"台下哄然大笑。此时，大家一看，商人已不知什么时候溜走了。

聪明的老者把故事讲得一波三折，层层推进，一步一步把听众推向迷惑不解的境地，在把听众的胃口吊得足够"馋"时，才不慌不忙地表达出自己的观点。

真正的吊胃口，通过刺激或诙谐的方法开场，也是一个非常棒的开场方法。

曾经有一场交通安全知识讲座，当时主讲人一上台就故作严肃地给大家扔了一个"雷"。"今天，我们现场至少要有一个人不能安全回家了。"当他说完了这句话，大家的情绪一下子就被主讲人抓住了，大家立刻就安静了，因为不知道是怎么回事儿。然后主讲人开始解释："因为通过我们调研，咱们这座城市每天发生交通事故的概率在五百分之一，我们现场有五百多人。所以，我们当中有一个人不能安全回家。"这个主讲者说完这些话之后大家认识到还真是这么回事，但胃口也被吊起来了，因为数据调研的事故概率为五百分之一，那今天会是谁呢？在大家还处在这样一种情绪中时，主讲人开始了他的进一步解释："不过我要提醒大家，只要你今天认真听完了这场讲座，你就可以安全回家了，因为我们今天讲座的主题是交通安全知识。"

这个主讲者用一次次刺激的方法，吸引听众不断集中注意力，最后以诙谐的方式结束，立刻拉近了与听众的心理距离。

第16讲 用故事诠释观念永不落伍

一、讲故事需要预估时间和效果

人们大都对故事感兴趣，不过演讲者用故事作开场白最好不要太长，也不要太复杂，要与演讲的主题内容无缝对接。同时在讲故事的时候要预估时间和效果。故事是演讲内容的主线，也是证明其观点的重要证据。故事的出现能帮助演讲者释放观点的能量，因此，在演讲前，演讲者就要对故事进行合理安排，让其在适合的时间为自己的演讲加分。

对于故事的安排，大致上遵循以下几点。

1. 根据演讲内容安排故事

有些故事的内容精彩感人。这样的故事放在演讲的中间部分，会引起演讲的一个小高潮。有些故事则容易引起人们的兴趣，这样的故事放在演讲的开头，有利于演讲者吸引听众的注意力。有的故事内容很有哲理性，易引发人们的思考，这样的故事放在结尾处，就会让听众在演讲结束后，仍意犹未尽，想对演讲内容进行更深入的挖掘。

2. 根据演讲节奏安排故事

演讲者在演说过程中,如果认为所要讲的理论性知识的话语过多,则可加入相关的故事内容,以打破纯理论的演讲节奏,这时的故事就起着调节作用。

故事在哪个时间出场,需要演讲者进行有效的把控,只有很好地安排讲故事的时间,才能让演讲过程变得更生动,更有吸引力。

有一位老师在演讲《人生需要"选准角色"》时例举了两个例子。

1952年11月9日,以色列总统逝世,爱因斯坦接到以色列总理的信,希望他成为总统候选人。爱因斯坦被感动了,但他最终还是谢绝了以色列总理的好意。因为对他来说物理更重要!

年轻时的奥黛丽·赫本想当芭蕾舞演员,可惜,她并不适合。她的老师甚至直言:"就算你奋斗20年,也当不了主角。"赫本听取了舞蹈老师的意见,及时调整了目标,开始涉足电影。当《罗马假日》《窈窕淑女》等电影剧作问世时,赫本成了影坛上耀眼的明星。

爱因斯坦虽然有机会当上总统,但他知道物理学家才是他最好的角色;奥黛丽·赫本不适合芭蕾舞台而及时调整方向,结果选对了适合自己的角色,成就了自己。其实,像爱因斯坦和赫本这样的名人、明星,还可以无限地罗列。虽然他们所在的领域不同,他们的成功秘诀却相似,那就是在人生的坐标里,不能横冲直撞,而是选准自己的角色,定好自己的位置,然后心无旁骛地把手头的事做实、做细、做精。

这两个事例都很切旨、很典型。

演讲者在发表演讲时如果没有好的故事，就无法将自己的观点解释清楚，也就无法说服听众，无法令他们认同演讲家的观点，因此，评估故事的效果也是演讲者需要认真对待的一项工作。

演讲者的演讲是由多个故事组成的。故事的出场时间及效果影响着演讲的整体感，如果其中任何一方面出现问题，都会影响演讲进程。因此，计算讲故事的时间，预估讲故事的效果对最终的演讲效果起到不可估量的作用。

二、故事要新颖

考古学和人类学的有力证据证明，人类的心智与讲故事是同步发展的。所有演讲者都知道故事能为演讲增添光彩，但在故事的选择上要遵循一些原则。除了故事要与演讲内容相匹配之外，所选故事更要新颖才好。不然，人人都知道的故事，就会让听众失去兴趣。讲新故事，讲没人听过的故事，出彩概率会更大。

有一位演讲者在给企业员工做《工作与放松》演讲时，选用了台湾作家刘墉先生的《热狗冷猫》的故事，原文如下：

一家建筑物的墙上，挂了幅保护动物协会印制的大海报，上面印着一

只狗和一只猫,标题写得很妙——"热狗冷猫"。每次经过,刘墉先生都会欣赏一下,觉得很有意思。

后来他越揣摩越有感触:"热狗"和"冷猫"不是也可以形容人吗?有一种人特别热情,一天到晚追着朋友玩耍,跑前跑后、大呼小叫,像是热情的狗。另一种人我行我素,有他自己的计划、自己的主张,不管别人欣赏不欣赏,就是执意去做自己的工作,不正像说来就来、说走就走的"冷猫"吗?

于是,他给自己取了个外号,叫"热狗冷猫",他是一个爱动也爱静,能玩也能认真工作的"热狗冷猫"。

他说,一个成功的作家,一定都是"热狗冷猫"。想想看,一位作家如果写作的时候不专心,怎么能写出好文章?相反,整天创作,却不接触外界,又怎能有丰富的灵感?于是你可以想象在田里跟农夫一起割麦子的托尔斯泰;在海滩为老婆撑伞、跟孩子玩耍的毕加索;到非洲打猎、古巴冲浪的海明威;经常游泳、长跑甚至打拳的萧伯纳;还有那位总是参加宴会,而且以开玩笑著称的马克·吐温。

不仅是作家,从事其他职业的人也是这样,要想获得成功,就要既会尽情玩耍,又会专心工作。请问:你是"热狗"还是"冷猫"?或是既能玩、又知道适可而止、收心工作的"热狗冷猫"?

这则故事既风趣又新颖,从作家到其他行业的人,如果想成功,必须既要会尽情玩耍，又要会专心工作。既不能在工作中心不在焉，又不能在放松时惦记工作，这样既玩儿得不痛快，工作又做得不专心。在场听众听了这个故事，对这次演讲留下了深刻的印象。

一个故事运用得当，对于演讲主题的阐述能起到很大的推动作用，不但吸引听众，还能通过听众让故事口口相传。好故事要符合以下几点。

（1）故事要有一个引起听众共鸣的主人公。

（2）通过激发兴趣、制造悬念或危险等形成故事的张力。

（3）适当提供细节。如果细节太少，故事会显得不够生动；如果细节太多则会显得拖沓、冗长。

（4）要有令人满意的结局，或有趣，或感人，或给人启迪。

演讲者如果没有特别新颖故事，就只能说客套话。而毫无意义的客套话实则是老套话，没有新意的故事就是老掉牙的"老故事"。演讲者就别拿那些老掉牙的"老故事"为难观众了。

三、故事接地气，才能打动人

所谓的故事接地气，也就是故事具备真实、感人、温暖等这样的要素。这样的故事一般是由演讲者讲述自己亲身体验的、难忘的经历构成的事。好的故事首先必须能感动自己，因为只有感动自己才能感动别人；故事因为动情才会动人。

力量型演讲

有一位演讲者作了一个以"信任"为主题的演讲,其中讲到他与父亲之间发生的一件真实的事情:

在我8岁的时候,有一次,父亲带我去捕鱼。当时我们乘着一条小船。当暴风雨来临的时候,我们距离海岸有5英里远。父亲给我穿上救生衣,在我耳边悄悄说:"孩子,你相信我吗?"我点了点头,他把我推下水。(稍停)我不是在开玩笑,他真的就那样把我推了下去!我落入水中,便浮出水面,感觉呼吸困难。海水刺骨的冷,海浪汹涌,太可怕了。然后……父亲紧跟着我跳入水中。我们惊恐地看着我们的小船翻转沉没,但父亲自始至终都紧紧抱着我,告诉我不会有事的。15分钟后,海岸警卫队的直升机来了。后来我才明白,父亲因为知道我们的小船已损坏,即将沉没,便向海岸警卫队求救,并告诉他们我们的确切位置。他想,与其冒着船翻沉后被困的风险,不如把我抛到广阔的海面上。就这样,我懂得了"信任"一词的真正含义。

这样的故事,具有强烈的生命力、影响力和感召力。一个父亲在关键时刻既不惊慌又不想让他的儿子感到危险已经来临,用一种冷静沉着的态度,让孩子学会在困难面前应该怎样从容面对,这个故事,必然会激励每一位听众。

马云有一段关于"团队如何抱团向前冲"的内部讲话视频。不得不承认,那是一次饱含生命力、影响力和感召力的演讲,演讲内容如下。

第三部分 演讲敢精彩，才能真出彩

1995年，我作出了一个决定，我对自己讲，我可能要做一个改变自己一生的事业，进入互联网。今天，我想把大家请过来，跟大家共同探讨以后至少5年、10年我们要做的事情。美国雅虎的上市，亚马逊的上市，这一系列公司的上市，导致我们在想Internet是不是已经到了顶点。我们是不是已经做得差不多了，我们再跟下去的话，是不是已经太晚了？所以，大家可能今天到这里来，都很急，都在想：我们这么做下去，前途在哪里？到底有没有希望？再玩儿下去能玩儿出个什么东西来？我们会变成什么样？上市以后我们的好处在哪里？因为谁都知道Internet是个泡沫。我刚才讲的危机感就是Internet的股票猛涨，泡沫越来越多，什么时候破？雅虎的股票掉了，EBAY的股票会涨。也许有一天，EBAY的股票掉了以后，可能阿里巴巴社区的股票会涨，它是一段一段地往上面走。所以不要担心，我觉得Internet这个梦不会破，一旦成为上市公司，我们所有人，在未来的三五年，那时候付出的所有代价，都会有回报，不是得到现在我们坐在这里开会这样的一套房子，而是50套这样的房子……团队就是往前冲，对不对，一直往前冲，团队精神是非常非常重要的。往前冲的时候，失败了我们还有一个团队，我们还有这么一帮人，互相支撑着，你有什么可恐惧的？如果让你一个人，今天说，孙一飞，你一个人出去闯，你是有点儿慌，因为你这个年龄段，现在在杭州找一份工作，三四千块钱一个月的工资，你拿得到，但是你缺乏今天这种吃苦的干劲和闯劲，三五年以后你还会再

找新的工作。但是，当你和团队一起闯荡，黑暗中一起摸索，一起喊叫着往前冲的时候，你什么都不慌，拿着大刀，十几个人往前冲，有什么好慌的？

马云无疑是一个会讲故事的人，正因为他这一番演讲，使阿里巴巴由横空出世、锋芒初露，到气贯长虹、势不可当，直至成为全球最大网上贸易市场、全球电子商务第一品牌，并逐步发展壮大为阿里巴巴集团，成就了"阿里巴巴帝国"。

所以，一个人要成为超级演讲者，就必须让自己成为一个会讲故事的人；一个领袖，要想成为一个有影响力的人，就必须让自己成为一个有故事的人；一家企业要想打造一个品牌，也必须有属于自己的故事，而且这个故事一定要接地气，才能打动人。

第四部分 演讲者的素养和修炼,观众看得见

第17讲 喜欢演讲，比演讲技巧更重要

一、兴趣是最好的老师

孔子有句话："知之者不如好之者，好之者不如乐之者。"这句话为我们揭示了一个怎样才能取得好的学习效果的秘密，那就是对学习的热爱。不同的人在同样的学习环境下学习效果不一样，自身的素质固然是一个方面，更重要的还在于学习者对学习内容的态度和感觉。正所谓"兴趣是最好的老师"，当你对一门学习的科目产生兴趣之后，自然会学得比别人好。演讲也是一种学习，从内心喜欢演讲，比演讲技巧重要得多。

美国演讲家莱斯·布朗先生，演讲酬金是每小时2万美元。当有人问起他成功的秘诀时，他指了指左耳上的一个厚茧，语重心长地说："我初涉演讲界时，一没名气，二没资历，更缺乏个人魅力和经验。可我非常喜欢演讲，决心要在这个行业里干出点儿名堂来，不达目的决不罢休。于是，我一天到晚给人打电话，求教演讲技能，联系演讲业务。成名初期，我每天至少要打100多个电话，求别人为我提供到他们那里演讲的机会……这个老茧是我获得成功的见证和记录，值几百万美元啊。"

第四部分 演讲者的素养和修炼，观众看得见

莱斯·布朗先生之所以能让他的演讲产生巨大的价值，是兴趣让他不断提高演讲能力。假如他对演讲没有兴趣，在学习演讲的道路上任何一次小挫折都可能让他放弃，最后也不会成为演讲大师。

兴趣是一种无形的动力。当我们对某件事情或某项活动感兴趣时，就会很投入。例如，对画画感兴趣的人，对各种油画、美术展、摄影都会认真观赏、评点，对好的作品进行收藏、模仿；对收藏感兴趣的人，就会想尽办法对自己感兴趣的有价值的藏品进行学习、研究，跟人交流心得体会。演讲也是如此，想成为一名成功的演讲家，首先要爱上演讲。

古希腊著名演讲家戴摩西尼也是一个酷爱演讲的人，年轻的时候为了提高自己的演讲能力，他一个人躲在一个地下室练习口才。开始的时候由于耐不住寂寞，他时不时就会出来溜达溜达，心总是静不下来，练习的效果很差。无奈之下，戴摩西尼下定决心，挥动剪刀将自己的头发剪去了一半，变成了一个怪模怪样的"阴阳头"。因为有这种"阴阳头"羞于见人，他只能彻底打消了出去玩儿的念头，一心一意地在地下室练口才，自己的演讲水平也获得了突飞猛进的提高。正是凭着这种专心执着的精神，戴摩西尼最终成了举世闻名的大演讲家。

世上没有一个人是天生的演讲家，所有成功的演讲家都勤于练习。试试看：自己要求自己不断地练习再练习，每天最少练习1~3个小时，每天对着镜子，大声地说出来，把手势、眼神、肢体动作夸张一点儿做出来，

因为夸张你才会放得开（这里得出一个结论：演讲最好的练习方法就是每天对着镜子大声地说出来）。也可以用摄影机或是录音笔，录下自己的状况，再把看到、听到的做一个修正。大声说出来，去感觉自己语调的变化。开口大胆地说，想说什么就说什么，是练习演讲的关键。

另外，要提高自己的"兴奋度"，把"热情"变成习惯。

从前，美国有位魔术师很受欢迎。其实他的表演内容跟别人差不了多少。记者采访他时，他说："最重要的是我太爱观众了！我每次都告诉自己，我要把最好的表演给大家！"

所以，当你充满热情，自然会有满面春风的表情，然后再用热情的眼神拥抱听众。

二、感兴趣了才会主动钻研

所谓兴趣，是指一个人力求认识某种事物或爱好某种活动的心理倾向，这种心理倾向是和一定的情感联系在一起的。当一个人通过自我审视后，根据自己的兴趣去设定个人事业的目标时，他的积极性将会得到充分调动，即使在工作中尝尽艰辛，也会兴致勃勃、心情愉快；即使困难重重也绝不灰心丧气，而是会想尽一切办法，百折不挠地去克服它，甚至废寝忘食，如痴如醉。

英国哲学家罗素说过，他的人生目标就是使"我之所爱为我天职"。

第四部分 演讲者的素养和修炼,观众看得见

也就是说,他要把生活中最感兴趣的事作为其终身职业。这的确是个值得效仿的好方法。要确定你的终生奋斗目标,首先要问问你自己的兴趣究竟是什么?

由于演讲这个行业的特殊性,其使命和责任都在演讲台上。但台上一分钟,台下十年功。没有辛苦的付出,演讲者就无法完全地尽到自己的责任,对于这一点,每位演讲者都心中有数。

一个能将兴趣转化为永久动力的演讲者,他的身上拥有着对演讲这份事业的执着追求和责任意识。执着的心让他在困难面前选择勇敢面对,而责任感让他不断地学习,努力为听众带去更精彩的演讲。

古雅典雄辩家德摩斯蒂尼天生口吃,嗓音微弱,还有耸肩的坏习惯。在常人看来,他似乎没有一点儿当演讲家的天赋,因为在当时的雅典,一名出色的演讲家必须声音洪亮、发音清晰、姿势优美,富有辩才。

为了成为卓越的政治演讲家,德摩斯蒂尼付出了超乎常人的努力,进行了异常刻苦的学习和训练。为了改进发音,他把小石子含在嘴里练习朗读,迎着大风和浪涛讲话;为了去掉气短的毛病,他一边在陡峭的山路上攀登,一边不停地吟诗;为了改掉说话耸肩的坏习惯,他会在头顶上悬挂一柄剑,或悬挂一把铁锤……

德摩斯蒂尼不仅对自己的发音进行练习,还努力提高自己在政治、文

学方面的修养。他研究古希腊的诗歌、神话,背诵优秀的悲剧和喜剧,探讨著名历史学家的文体和风格。柏拉图是当时公认的独具风格的演讲大师。柏拉图每次演讲的时候德摩斯蒂尼都要前去聆听,并用心揣摩大师的演讲技巧……

经过十多年的磨炼,德摩斯蒂尼终于成了一位出色的演讲家,他的著名政治演讲为他赢得了不朽的声誉,他的演讲词被集结出版,成为那个时代雄辩术的典范,打动了千千万万的读者。

中国台湾李开复在一次分享演讲经验时表示:为了成为出色的演讲家,他要求自己每个月作两次演讲,而且,每次都要同学或朋友去旁听,之后听取反馈意见。每次演讲之前,不排练三次,绝不上台演讲。此外,每个月他还去听演讲,向优秀的演讲家求教。

李开复称,他在学习演讲的过程中发现自己不感兴趣的东西就无法讲好。同时,之所以自己的演讲水平发挥得还算不错,源于自己对于演讲的兴趣和热爱。

由此可见,兴趣是学习的动力,我们对于自己感兴趣的东西一定会拿出百倍的热情来对待。但是,一定要坚持,肯下功夫钻研才能将热情进行到底。

三、兴趣是做好演讲的最大动力

兴趣是最大的动力,有了兴趣,我们才愿意牺牲玩乐和享受的时

第四部分 演讲者的素养和修炼，观众看得见

间，去努力做自己喜欢的事情，并坚持不懈地将这件事情做到底，直至成功。

因为对所做的事情有兴趣，做事的时候就会时时刻刻都像打了"鸡血"一样，似乎有用不完的劲儿和取之不尽、用之不竭的灵感。

因为对所做事情有兴趣，才愿意排除一切困难，迎难而上。面对的艰难险阻，都不过是像唐僧师徒西天取经路上的妖怪，只是要你经历九九八十一难，然后渡你成仙成佛。

演讲兴趣的产生，首先要想到演讲会带给自己非常大的改变。比如，锻炼自己的胆量；培养自己良好的心理素质；培养自己的语言表达能力，锻炼自己的口才；培养自己的沟通能力；培养自己的逻辑思维能力以及通过演讲把自己的思想价值传递给更多人的能力。想到演讲可以给我们带来这么多实实在在的好处，又怎么会不爱上演讲呢？一旦爱上演讲，就会产生一种动力，让自己变得更优秀，演讲得更好，能帮助更多的人，或为更多的企业服务。

兴趣让演讲出彩，兴趣是成为优秀演讲者的驱动力，它是成功的种子，是一个人做事的原动力。因为有了兴趣，所以挫折就不再是挫折，痛苦也不再成为痛苦，这一切都成为追求兴趣路上的美好体验，成为一种享受。如果一个人是因为兴趣而去做一件事，那就没有失败，因为这是顺应自己身心对美好事物追寻的过程，本身就是一件很惬意的事。成功，只不过是

对坚持这种行为的一个小小奖励。

兴趣除了可以转化为责任外,还可转化为执着的精神。有了精神的支撑,演讲者同样可以在这条道路上走得更远。

我们常说,有希望就不会绝望。执着精神就建立在对美好未来的希望之上。演讲者只有相信自己通过努力可以成为影响他人的大师,才能依靠这种执着精神不断向前走。如果一个演讲者看不到前方的路,那么,处在黑暗中的他就很容易迷失方向,在选择的路口不断徘徊。演讲者最初对演讲的热爱是可以转化成永久动力的,无论是转化为责任还是转化为执着,其根本目的就是让演讲者在演说行业中脱颖而出,用自己的努力,完成演讲者的使命。

每个人都有自己的兴趣,这些兴趣让我们的生活多姿多彩,却没有改变我们的人生,而快乐的成功者之所以能取得成功,就是因为,他们能将自己一时的兴趣坚持到底。

第四部分 演讲者的素养和修炼，观众看得见

第18讲 演讲要既会"讲"又会"演"

一、肢体语言的优势

肢体语言是我们生活中经常用来表情达意的一种方式，它是除了语言以外我们所习惯的另一种交流方式。肢体语言影响着他人对我们的看法，同时也影响着我们对自己的看法。通常，开放的、打开的肢体动作会使人更果断、自信。

有的心理学家建构了一个有趣的公式：一条信息的表达=7%的语言+38%的声音+55%的肢体动作。这个公式表明人们获得的信息大部分来自视觉印象，而视觉信息55%来自肢体语言。因而，美国心理学家爱德华·霍尔曾十分肯定地说："无声语言所显示的意义要比有声语言多得多。"肢体语言就是一种无声的语言。我们通过一个人的手势、一个肢体动作可以了解他的思想意识、情绪变化等，从演讲者出场到正式演讲再到致谢结束，在演讲的整个过程中，肢体语言往往比有声语言更真实可信。肢体语言独特的有形性、可视性和直接性，对于演讲者来说，具有不可低估的特殊价值。良好的肢体语言表达能力，通过专业训练可以得到提

高和加强。这种能力对演讲者来说也是十分重要的。

很多科学家通过科学实验研究发现，手势和语言紧密相关。演讲者在演讲的时候，手势可以帮助他展示自己的思考方式、演讲重点，让演讲效果更好。

演讲者一定要注意，演讲中的手势不要过度使用或者刻意模仿。毕竟演讲者不是在讲解降龙十八掌的使用技巧，过度的手势会让听众眼花缭乱。如果演讲者看到更好的演讲者的手势使用习惯，比如乔布斯、马云等，也一定不要盲目模仿，而是要形成自己的风格，以配合自己讲话的方式。

演讲者想要保持在舞台上的活力，关键是创造差异。对别人的风格和习惯，能改就改，别让自己的演讲变得索然无味。同样地，演讲者的肢体语言也应该千变万化，动作不要重复。如果你一直在使用肢体语言的话，反而会使其失去价值。

当你讲述某个观点需要支撑时，就可以做个手势。其他时候，就保持两手自然下垂。演讲是语言、停顿、动作的结合，也可以什么都没有。总之，你的演讲应遵循动静穿插的原则。

有些演讲者只会选择对称的肢体语言，例如两手同时做一样的动作。其实，为了凸显演讲的差异和变化，对称的、不对称的肢体动作你都可以同时尝试，比如只动一只手。你演讲时的动作多样性增加了，那么你在成为魅力公众演讲家的道路上就又前进了一步。

第四部分 演讲者的素养和修炼，观众看得见

不管听众是多还是少，不管你的演讲内容是什么，都要让你的肢体动作看起来放松舒展。这会使你看起来坦坦荡荡，没有什么藏着掖着的秘密，也能帮助你和听众之间建立起一种亲密的联系。另外，还会使你看起来更加自信，听众会觉得你的话值得一听。

二、巧妙利用肢体语言

演讲者中流行一句话：沉默时有意义，动作中有语言。这句话的意思是把肢体语言提高到一定的高度，巧妙利用肢体语言能够为演讲增添光彩。

人类擅长对他人作出迅速的直觉判断：朋友还是敌人，可爱还是讨厌，聪明还是愚笨，自信还是胆怯……我们用来作出这些判断的根据往往是肢体语言、衣着、行走或站立的姿势、面部表情及专注度等。

优秀的演讲者会设法尽快与听众建立联系，如自信地在舞台上走动，环视四周，与两三个人进行眼神交流，保持微笑。人类有一种能通过观察别人的眼睛作出判断的能力。我们能下意识地捕捉别人眼部肌肉最细微的活动，以此判断他们的感受，以及我们能否信任他们，这就是面部表情和眼神的功劳。所以，肢体语言除了上面我们提到的手势之外，还不能忽略面部表情和眼神。

面部表情，可以说是一个人所有情绪的外在表现。一个演讲者如果没有控制好表情，即使演讲的内容再好，对听众来说恐怕也没有吸引力。

讲话时，听众通过观察演讲者的面部表情，了解演讲者的感受，加深听众对演讲内容的理解。演讲者的表情应该符合演讲的内容背景，也就是演讲者不管有什么样的表情，沉重、痛苦、愤怒抑或高兴，都是因为你所讲述的内容让你有了这样的感受。

演讲者在演讲过程中，还有一点特别重要，那就是眼神的交流。人们常说，眼睛是心灵的窗户，适当的眼神交流有利于演讲者与观众之间的情感和信息交流，同时可以观察观众对演讲内容的反应，从而及时对演讲内容作出调整。另外需要注意的是，演讲者在发表演讲时避免一直盯着地板、看稿子，或是总看身后的PPT。

演讲者在重视面部表情和眼神之外，还要与听众保持合适的距离。

这里的距离是指演讲者与听众实际地理位置的距离，太远会对传达信息有所影响。

一般情况下，听众都坐在座位上，讲台、桌子等会将演讲者与听众隔开，这无形中就形成了一种物理和心理上的距离。什么样的距离才是合适的距离呢？场合越庄严、正式，距离就会越远，演讲者可能会站在台上或者坐在台上的桌子后拿着麦克风讲话。如果你想营造较为轻松的演讲环境，那就尽量减少这些障碍物，比如站在讲台边上，而不是站在讲台后面。在一些特殊或非常随意的场合下，你可以站在离听众更近的地方，甚至可以走到听众中间去。

如果演讲者想拉近与听众的距离，还可以试着变动姿势以促进交流。

试想，如果演讲者身体僵硬，站得笔直，虽然没有说话，就已经给观众传达了一种信息："这个演讲很正式"或"我很紧张，甚至害怕在这些观众面前讲话"。如果你身体前倾，微笑着面向观众，这就向听众表示出了"我对你们很感兴趣，我希望你们可以理解并认可我的想法"。

公开演讲时，演讲者可以通过走两步或是换个姿势来转变话题。有时在讲到十分重要的内容时，可以向前走几步，距离观众更近一些。但需要注意的是，演讲者漫无目的、持续不断的走动会分散观众的注意力；由于紧张，不停晃动会让观众产生不信任的感觉；身体过度僵直会加剧演讲氛围的紧张感。走动应该是有目的的，为的是帮助自己更好地传达信息，并表现出你的自信和你对整场演讲的把控能力。

演讲者要想巧妙利用肢体语言，还要掌握一些技巧。

技巧1：双手自然地垂在身体两侧。

背在身后显得过于懒散，叉在胸前又令人觉得傲慢，把手放在裤兜里则显得拘谨或严肃。

技巧2：手势要与信息同步。

手势的运用要适当。首先，手势要与表达的内容一致；其次，手势和内容的时间要同步；最后，眼神要同手势一致。

技巧3：姿势挺直，微抬下巴。

挺直身子，稍稍抬起下巴的模样表达了演讲者充沛的精力和自信。脸

不要抬得太高,以免给人傲慢之感。

技巧4:动静结合。

演讲者若立在一处一动不动,会使人感到压抑;可动得太勤了,也会给人散漫之感。因此,一定要慎重地、适当地动一动。

三、肢体语言不是做作和小动作

演讲家的演讲从始至终都需要完整性和协调性。因此,在选择肢体语言时,演讲家也要避免出现一些不自然的动作。也许演讲家的演讲内容无法引起听众的注意,但是他一两个不协调的动作,却逃不过听众的眼睛,其结果必然会因不合适的肢体语言而功败垂成。

在演讲中恰当使用手势强调观点很有必要。但是要小心:你的手势不能像机器人一样死板或者让人觉得是刻意为之、装模作样。换句话说,不要照搬一些名人的动作,要做真实的自己。手势既不能呆板,也不能做作。

比如,在演讲的时候如果演讲者的眼神游移不定,不太敢跟听众的目光接触,那么就会传递给听众不自信或很清高的感觉。

又如,演讲者演讲的时候出现抱臂,那么就会给人以你漠视和不欣赏听众、拒绝接受一切的傲慢之感。

再比如,演讲者如果把手插在口袋里,玩弄头发,来回晃动,不停地扶眼镜,或者有意无意把手放在嘴边干咳,这些小动作都不好,都要尽量

第四部分 演讲者的素养和修炼，观众看得见

避免。

一般人都会有一些下意识的小动作，而自己发现不了。演讲者如果想发现自己的这些小动作，可以请朋友帮忙指出来或者把自己平时的演说现场录下来，自己回去再看，就会发现一些下意识的小动作。

为了避免一些做作、呆板的小动作出现，演讲者要保持三个协调。

（1）手势与全身相协调。演讲者的手势与声音、姿态、表情等要密切配合。

（2）手势与口头语言相协调。演讲者手势的起落要和语音同时同步。

（3）手势与情感相协调。演讲中情感激昂时手的幅度、力度要大，手势幅度和情感是成正比的。

适宜、适量、简练的手势只有在与口语表达密切配合时，其含义才会最为生动、具体。演讲者的手势必须随演讲的内容、自己的情感和现场气氛自然地表现出来，手势的部位、幅度、方向、力度都应与演讲的有声语言、面部表情、身体姿态相适宜，协调一致，切不可生搬硬套，勉强为之。

为了避免下意识的小动作和不自然表情，演讲者采用站姿会更自然。正式的演讲，基本上都是站着进行的。比如，外国领导人的竞选演讲，包括霸气侧漏的奥巴马、温文尔雅的克林顿、幽默风趣的里根、极能煽情的罗斯福，还有联合国秘书长的发言、奥运会主席的致辞、中国外交部部长的陈述等，都是采用站姿进行的。

从演讲者的语言角度上讲，站着演讲有利于一些优美动作、大幅度手势的发挥。比如，斜劈、横扫等力量型手势的运用。同时，也有利于展示演讲者的整体形象，包括合身的服饰、得体的打扮等。如果是坐着演讲，演讲者那修长身材、西装革履等职业形象就会大打折扣了。

对于演讲者的肢体语言还有一个整体要求。

身姿要挺拔，要感觉头顶好像有一根绳子，从你的颈椎处向上拉，气息下沉、精神饱满，身体重心主要放在脚掌、脚弓上。整体上要给人一种挺拔隽秀、精力充沛、信心十足、积极向上的感觉。男士应该显得潇洒大方、舒展挺拔；女士应该显得端庄秀雅、亭亭玉立。站立时，竖看要有直立感，即鼻子为中线，头顶、肚脐、脚跟成一条直线；横看要有开阔感，即肢体及身段给人以舒展的感觉；侧看要有垂直感，即耳、肩、膝、脚跟成一条直线，并给人一种挺、直、高的美感。

当一个演讲者带着自信与优雅站在舞台上的时候，给予听众的是耳目一新、亲切自然的感觉，这就为演讲的成功创造了一个好的开端。

第19讲 面部表情会传达你的内心世界

一、面部表情是内心世界的"晴雨表"

法国思想家、文学家罗曼·罗兰说:"面部表情是多少世纪培养成功的语言,比嘴里讲的更复杂千倍的语言。"面部表情丰富多彩,可以说是另一种深刻、直观的表达方式,甚至比语言、手势等更能入木三分。有句话叫"只可意会不可言传",这或许就是在说表情的力量吧!

人的面部表情,是人的思想感情在外貌上的显现,是人的思想感情最灵敏、最复杂、最准确、最微妙的"晴雨表"。一般来说,喜则眉飞色舞,怒则咬牙切齿,哀则蹙额锁眉,乐则笑逐颜开。喜怒形于色,面部表情随时在替人表达他的心理活动。

所以,作为演讲者,不要让演讲带来的紧张压力把你变得面无表情。你自然的面部表情可以为与听众有效沟通提供另一种渠道。通常来说,面部表情的变化先于心情的转换。你不需要事先对着镜子练习鬼脸、微笑和怪相,你所需要做的只是在正常表情的基础上略作夸张而已。近距离接触

中能使人感觉到的脸部微妙变化，后排听众是察觉不到的。

在面部表情中，嘴的作用不可轻视。嘴唇抿着，表示和谐宁静、端庄自然；嘴唇半开，表示疑问、奇怪、有点儿惊讶；嘴唇全开，表示惊骇；嘴唇向上，表示善意、礼貌、喜悦；嘴唇向下，表示痛苦悲伤、无可奈何；嘴唇噘着，表示生气、不满意；嘴唇绷紧，表示愤怒、对抗或决心已定。

人的面部表情很微妙。演讲者要做的就是将整个的面部表情处理得更加协调。

有位演讲者在演讲过程中，讲述了一个人与动物间的故事，他的语言很生动，但他自己对动物没有任何感情，因此，他在讲述时，内心的活动与他所要讲述的内容完全没有关系。虽然语言有令人感动的成分，其面部表情却是一副无动于衷的样子。听众发现了演讲者的这点漏洞，觉得这个演讲者不真诚，演讲稿虽然写得很精彩，却是一种无病呻吟。对此，听众很反感，甚至有些性格直接的听众，选择用离开来表达自己的不满。

演讲者的一半时间是表演，如果面部表情不到位，演讲就会以失败告终。纵观世界演讲史，可以看到，古今中外的演讲家总是利用自己的面部表情为演讲加分。

美国听众评述演讲家罗斯福的演讲时说，他满脸都是动人的表情。

有的听众在回忆罗斯福演讲的文章中写到：在 20 分钟的时间里，罗斯福先生的脸上表现出诧异、好奇、故作吃惊、感兴趣、焦虑、同情、幽默等，但是他几乎没有用语言来表达更多的东西。分析罗斯福演讲的专家认为，他的演讲往往更注重面部表情，有时说得很少，但他的表情已经传达了更多的、准确的、有效的信息。

只有善于运用自己面部表情的演讲家，才能更好地把握听众的情绪，让听众随着自己的演讲由旁观者变成参与者。演讲中面部表情要遵循以下原则。

1. 表达准确

面部表情作为一种演讲的表达形式，首先，应与实际内容和现场气氛相吻合；其次，面部表情变化要与演讲者的意图相吻合。

2. 表现自然

面部表情要自然真诚，发自内心，尽量保持日常生活中的自然性。

3. 要有敏感度、鲜明感，要有真实感、艺术感

演讲者的面部表情既要有敏感度和鲜明感，又要有真实感和艺术感，但不要刻意追求演员式的表情。

最好不要出现的面部表情包括眼神呆滞、面无表情。造成这种表情常见的原因是紧张、没有熟记演讲稿、对演讲主题体会不深、情感没有完全投入以及个人身体上的一些原因等。

演讲者想让自己的表情丰富起来,首先要让自己的面部肌肉放松。因为只有脸上的肌肉放松了,才能做出一些比较夸张的表情。另外,面部肌肉放松后,表情也不会显得僵硬。放松面部肌肉的训练动作有三个,依次为:

一是揉睛明穴。双手交叉,双手拇指上举。然后,双手拇指对准睛明穴(目内角稍上方凹陷处)不停地揉动,次数为10次。

二是按太阳穴。双手的食指和中指合并,放在太阳穴(眉梢与目外角之间,向后约一横指的凹陷处)上,不停地以顺时针方向按揉,次数为10次。

三是双手搓脸。用双手手掌捂住脸颊,不停地上下搓动,次数为10次。

二、最好的表情是自然

演讲者善于模仿别人的肢体语言和表情。在模仿各种表情时,我们要知道,怎样真实地表达出自己的情绪更关键,这样的表情才最真实。

最好的表情是自然的表情,需要笑时则真诚地微笑,需要严肃时则冷静严肃。

身体语言研究中心的创始人卡西·韦佐西亚(Kasia Wezosia),曾经出版四本关于身体语言的专著。他和同事们参加过一场初创企业家们的演讲比赛。作者不关注选手讲了什么,只观察他们的身体语言,以这个为依据来给他们打分。有些选手显得很自信,他们微笑着和观众保持眼神接触,还用一些手势为自己加分。有的选手手部动作僵硬,表情不自然,显得紧张和不自

信。比赛结束之后，作者发现，比赛排名靠前的选手在身体语言方面的得分也比较高，而那些身体语言得分不高的选手，比赛结果也不好。

演讲者如果想要做到表情自然，可以对着镜子练一练，或者对着朋友练，直到把动作和表情做到自然。下次演讲的时候，或者跟老板、大客户交谈时，也可以试试这些动作和表情。除了这些，要做到表情自然离不开以下三点。

1. 自信

自信不是让你坚信自己讲的是最好的，因为之后你会发现其实这样欺骗自己的心理暗示反而会让你变得更紧张，你在"最好"这个目标下会有更大的心理压力。自信是要求你需要熟悉甚至可以背诵出你需要演讲的内容，当然这只是最初级增强自信的方法。如果你需要更大的自信心，你一定要对自己的演讲内容有想法，确切地说是有你自己正确的理解和看法，这样你不仅可以讲起来轻松自如，还有信心应对观众们的各种提问。如果是即兴演讲一定要在台下整理好思路，明确自己第一条需要讲哪个点，点到为止或是向外延伸哪些内容等。总体来说，自信就是要你能够有备而来。心里有了底气，你站在台上才会从容不迫。

2. 心态

心态在演讲中非常重要，好心态能让演讲者和听众在演讲中都十分放松。如果演讲者表现得很紧张，那么听众也会被演讲者的情绪感染，他们

会担心演讲者在下一秒会出现状况。

3. 幽默

幽默是一名演讲者的至高境界。首先,演讲者能够自由控制演讲内容,自然的幽默能与演讲者所提到的要点相融合,不自然的幽默会让人尴尬;其次,演讲者的幽默能够得到听众的回应。所以,初次演讲的人不是很敢于尝试用幽默的方式展开演讲,因为一旦未能得到听众的回应,他的演讲节奏就会被打乱,甚至为了达到效果而引起听众的反感。互动是与听众产生幽默的良好方式,但是互动要强调"度"的重要性,因为很多听众只是想好好听完这次演讲,因此开始最好以共同回答的方式进行互动从而引发笑点。

4. 条理清晰

演讲者要让听众知道你说到哪里、在讲述哪个问题、主题思路又是什么。随性的演讲要和散文一样形散而神不散,要善于用组织逻辑强的语言串联演讲的主题思想。

演讲者的表情和肢体语言要到位。演讲不在乎你的外貌是否倾国倾城,你的服饰是否名牌大气,而是看你演讲的时候是否能够做出相应的表情。适当的表情可以将你表达的语言变得抑扬顿挫起来。

第四部分 演讲者的素养和修炼，观众看得见

三、花心思训练表情的专业度

如果把演讲比喻成一出戏，演讲者就是演员。从登台开始，台词、演技、灯光，一个巧妙的道具，一个伪装的沉吟，一个深邃的眼神，都值得玩味。我们需要的不只是颈部以上的思维，更需要带动全身的戏分。

首先，要训练面部的"微笑"。这是一张世界通用名片。

法国作家雨果说："有一种东西，比我们的面貌更像我们，那便是我们的表情；还有另外一种东西，比表情更像我们，那便是我们的微笑。"与任何人见面，语言未到先送微笑。一个人的微笑，就像是自己的一张名片，在"互递"的过程中，一个自然流露的微笑，既展现自己的形象与身份，又胜过千言万语。你想想，这世上哪有一张比微笑更让人赏心悦目、一目了然的名片呢？

演员离不开练基本功，演讲者同样需要对表情进行不断训练，直到变成"专业的表情"。演讲者训练表情的方法一般包括以下几种。

1. 一般训练

两人一组面对面，一人一遍地练习，先只发出笑声，第二遍则要求在发出笑声前先说一句话再笑或一边说话一边笑，如，在练习所有的"笑"后，一定要从中感受出口语交流中最好的笑——微笑。

2. 请面带微笑地说话与倾听

带着微笑表情说话时，语音要轻柔和甜蜜，目光要神韵友善，面部要

容光焕发，肌肉要自然放松，心情要舒心愉快。倾听别人说话，也是如此。

说话者在与人交流的过程中一定要面带微笑。微笑是美好感情的自然流露。真诚的微笑，不仅表明自己有教养、有信心，同时也表明对听众的友善与信赖。

3. 在各种场合应该运用的微笑技法

训练场合：

（1）上台与下台时的微笑练习；

（2）用语言赞美他人的微笑练习；

（3）与听众互动或交流时的微笑表达；

（4）用微笑肯定或否定别人言行时的表情练习；

（5）面对喧闹的听众运用微笑来表达自己的态度和情绪。

训练要求：

（1）上台与下台时应微笑，这样可拉近与听众的距离，把良好的形象留给听众；

（2）表达赞美、歌颂等感情色彩时应微笑，此时要博得别人笑，自己首先要笑；

（3）面对听众提问时送上一缕微笑是无声的赞美与鼓励；

（4）肯定或否定听众的一些言行时，可以配合着点头或摇头，脸上挂着微笑；

（5）面对喧闹的听众，演讲者可略停顿，同时面带微笑则是一种含蓄的批评与指责。

除了练习微笑，还要训练眼神。

第一，训练者依次上台或面对镜子用目光准确地将下面神态表现出来：庄重的、轻蔑的、思索的、自信的、羞涩的、命令的、敌意的、挑衅的、尊敬的、反感的、吃惊的、疑问的、高兴的。

第二，正视表示庄重，斜视表示轻蔑，仰视表示思索，俯视表示自信，侧视表示羞涩，逼视表示命令，瞪视表示敌意，不停地打量表示挑衅，行注目礼表示尊敬，白他一眼表示反感，双目大睁表示吃惊，眨个不停表示疑问，眯成一条线表示高兴。

练习者应该两眼平视，目光自然、亲切、专注地和听众进行交流和沟通，及时地了解和掌握听众的情绪和反应。演讲中，演讲者随意自然，有时盯着某处看，似乎专门说给一个人听；有时一会儿冲左边微笑，一会儿冲右边点头，一会儿朝后边示意，一会儿朝前面挥手，目光流盼，使全场每一个听众都感觉到演讲者是在看着自己说话，就能塑造一种极为亲切的交流氛围。

第三，与人交流沟通时的眼神练习。一对一或一对多的交流与谈话。不管是说话者还是听人说话者，视线都应该尽量多地接触对方的面部。你的眼中要有别人，别人眼中才有你。

表情训练也需要掌握要领，演讲者在自我训练时可以通过模仿那些拥有标准表情的人，看他们是如何做表情的，通过这样的方式，找到合理的情感表达方式。在表情训练见效之后，演讲者们在短期内会对新的表情不太习惯，这时，更需要引起注意，别走回头路。

演讲者要养成这样的表情习惯：当哀伤时，面部很平静，让泪水从眼眶涌出。人在情绪激烈的时候，会出现各种强烈的表达方式，比如捧腹大笑、勃然大怒、号啕大哭，这些情绪表达方式的确自然，但平常人这样做，都会引来各种奇异的目光，演讲者就更不能用这样失控的方式来表达自己的情感。更何况，大喜大悲是最伤身的。

演讲者要仔细观察自己的表情，如果发现自己在做表情时，出现了以上所说的问题时就要及时更正训练，力求以最佳的表情面对观众，用得体合理的表情为自己的演讲增分。

第四部分 演讲者的素养和修炼，观众看得见

第20讲 演讲和听众都需要"感恩的心"

一、演讲者用感恩带动听众

作为演讲者，当你站在讲台上演讲的时候，如果没有了听众，你的角色也将不复存在，因此要感恩于每一个认真听你演讲的人。人生本就不是一个单独的个体，每个人都是在别人的奉献中得到成长的。要想成为一名优秀的演讲者，心中要时刻怀有感恩之心，只有演讲者心怀感恩，讲出来的话才带有感激之情，才能用感恩带动听众。

我听过一个女大学生的感恩演讲，她并不是一个非常出色的演讲家，却因为讲了这感恩的故事，感动了在场的所有人。以下是那篇演讲稿：

在我的记忆里，从记事开始，我的爸爸妈妈从来没有表扬过我，幼儿园的我手工做得比别的小朋友好，他们觉得手工做得好什么用都没有；小学、初中，我的学习成绩比别的同学优秀，他们觉得这就是我必须做到的，我就应该比别的同学强；高中，我在班级、学校当学生干部，他们觉得我不努力学习，总是把时间耽误在这种活动上是不务正业……所以，我的童年是在别人爸妈的赞扬和自己爸妈的无视中度过的，小时候的我甚至一度

认为自己不是爸妈亲生的小孩,是邻居阿姨家的。

高考结束后,我毅然选择了到离家千里之外的哈尔滨来继续我人生的下一个阶段。离开家的前一晚,我和爸爸妈妈彻底地谈了一次。那天的谈话是这样开始的:我收拾了一下午的东西,爸妈都没有来帮忙,偶尔一句嘱咐也是:"别忘带……"收拾好一切,我重重地把自己摔进沙发里:"爸妈,咱们谈谈吧!"不知为什么,那天我把自己这么多年来的疑问和委屈一股脑儿地都说了出来:"你们从来不夸我,从来都只看到我的缺点,从来都没有在下雨下雪的恶劣天气接送我上下学……"我边说边哭,好像要把这些年积聚在心里的怨气都发泄出来。沉默的屋子里只有我上气不接下气的哭声。爸爸在沉默了好久之后用一句话打断了我的眼泪:"因为你是我们的女儿,我们希望你更好。"接下来的时间里,爸爸妈妈一人一句地解释着,抑或是诉说着他们的父母心:不夸你是怕你骄傲,怕你满足现状后再也不思进取;总是指出你的缺点,是想让你找准自己的位置,定下心来做得更好;下雨下雪不去接你并不是不关心你,而是希望你学会打理自己的生活,希望你可以在失去我们之前学会坚强和自立,才不会在失去我们之后茫然失措……

"可是,我也需要鼓励!"听到这么多的解释,我依旧觉得委屈。妈妈看着我哭花的脸说:"哪一个做父母的不希望自己的孩子好?可是方式都不一样。我和你爸都不是那种喜欢把话说出来的人。可是你自己想想,

第四部分 演讲者的素养和修炼，观众看得见

在你每次需要鼓励的时候，我们真的没给你鼓励吗？"

慢慢平静下来的我，开始回忆：幼儿园参加演出，妈妈跑遍各个商场给我买漂亮衣服；手工比赛做得好，爸爸把我的小作品在办公室展览了一个月。小学时候的我对什么东西都感兴趣，只要我想学，爸爸马上就给我报名；每次考试，临出家门妈妈都会说"考完试早点儿回来"而不是别人妈妈口中的"考个好成绩回来"。初中、高中，班级、学校的好多活动准备都是在家完成的，爸妈虽然没有帮忙，却总在我没主意的关键时刻给出自己的意见和建议；第一次高考落榜后，爸妈只说了一句："按照你自己的想法做你的决定"……

这时的我才忽然意识到，原来爸妈一直在用他们的行动关爱我、理解我，原来我的委屈和抱怨是那么幼稚和无知，原来妈妈给我的那种轻轻的温暖真的是"母爱无言"，原来爸爸给我的那种贴心的关怀真的是"父爱无声"……

我到哈尔滨来上大学之后，可能是以前习惯了为自己打理生活，我很少给家里打电话，爸妈的电话却多了起来。爸妈依旧只是问问我的学习和生活状况，并没有什么特别的事情。原来的我，也许不知道电话那头的爸妈给我的感觉究竟应该怎么定义，可现在的我知道，那种感觉叫作"大爱无言，润物无声"。我以前只懂得抱怨，不懂得感恩。其实，父母的付出远比我们想象得多。

就是这样一篇质朴无华的演讲，打动了现场所有的听众，甚至有的大学生轻轻啜泣。可见，一颗感恩的心，一场感恩的演讲，能够带动别人的感恩之心。演讲者内心存有感恩之情，也要通过感恩的案例带动别人感恩。哪怕一个故事很平淡，只要满怀感恩地讲述出来，就会感动别人。

二、演讲是表达感恩的最好机会

每个人心里都有要感恩的人，比如恩师、父母、爱人、孩子等。只是很多人羞于表达或不善于表达，导致内心有很多想说的话却不能真正说与想说的人听。演讲则是表达感恩的一个极佳机会。

演讲台是演讲者表达感恩之情的最佳舞台，演讲者的素材来源于生活又回馈于生活，最重要的是演讲者完全可以依靠演讲台来感恩听众，一举两得的感恩方式也许是演讲行业所独有的优势。

听众是演讲者演讲动力的来源，是演讲者需要感恩的另一个对象，在演讲结束后，演讲者真诚地感谢听众的到来，就是对听众的感恩。

有一位演讲家曾这样感慨，是听众让他觉得自己是个有价值的人。他这样讲述自己的经历：

在从事演讲行业之前，我没有找到自己的定位。我换过很多工作，每份工作做的时间都不长，这样的经历，让我很自卑，总觉得自己低人一等。后来，听了一次演讲，我觉得自己的口才能力还可以，最重要的是我喜欢

那种被人关注的感觉。从此我走上了演讲这条路，在不断地学习中，我发现演讲真的特别适合我。而我也在一次次的演讲中，在听众的掌声中，找回了自信，是演说让我觉得自己原来也可以做得很好。

从这位演讲家的自述中，我们可以听出浓浓的感恩之情。他这份感恩之情是针对听众而发的。也许，在有些人的观念中，感恩是需要付出极大代价的，事实上，真正的感恩是一种精神的传递，只有这样的传递，才能将生活的恩赐与每个人分享。

当演讲者走上演讲台时，就是表达感恩之情的最好时机。他将生活对他的恩赐传递给更多为生活所困扰的人，这就是对生活的一种感恩。当演讲者带着感情去讲述这些内容，并用自己生动的语言、丰富的表情，全身心地投入到演讲过程中时，这就是对支持自己的听众最好的感恩方式。

感恩，自然先有恩后才有感。要想感恩，首先要懂什么是"恩"。恩是很平常的东西，环绕在我们生活四周；也是我们每一个人都不能缺少的东西，却很少有人意识到。恩，简单来讲就是爱，伟大的爱、无私的爱。所以，拥有感恩的心，讲出感恩的故事，源于演讲者心中有爱。

现代文学家丰子恺先生说："你若爱，生活哪里都可爱；你若恨，生活哪里都可恨；你若感恩，处处可感恩；你若成长，事事可成长。不是世界选择了你，是你选择了这个世界。既然无处可躲，不如傻乐；既然无处可逃，不如喜悦；既然没有净土，不如静心；既然没有如愿，不如释然！"

演讲者正是要带着爱的心态、感恩的心态,在演讲台上把自己的感恩讲出来,讲给想要感恩的人听。

三、感恩也需要学习

感恩是一种生活态度,是一种美德,是一句句肺腑之言。如果人与人之间缺少感恩之心,必然导致人际关系淡漠,所以我们要学会感恩。在家里要做到感恩,在社会上也要做到感恩。你应该感恩伤害自己的人,因为他磨炼了你的心态;你应该感恩绊倒你的人,因为他强化了你对爱的理解和对一些不和谐东西的接纳程度。

想一想自己是否能用积极美好的心态看待身边的人、事、物?是为自己拥有的,感谢生活馈赠;还是总是习惯看自己的损失,专注在自己失去的事物上?我们习惯抱怨为何玫瑰有刺,还是为刺里面有玫瑰而感恩?

亨利·马太是英国著名的解经家。有一天他被抢,当晚在日记本上他写道:"让我心存感激。首先,我从未被抢;其次,他们虽然抢了我的皮包,却未曾抢走我的生命;再次,他们纵然抢了我的皮包,里面却没有很多钱;最后,是我被抢,不是我抢别人。"

所以,一位优秀的演讲者要懂得感恩,既感恩生活,又感恩听众。演讲者感恩于生活,会让自己的演讲更"接地气",用感恩生活的方式提升自己在演讲方面的修为会让自己的演讲生涯越走越远。演讲者在感恩生活

之外,还需要感恩听众。听众是演讲者沟通与交流的对象。演讲者在听众那里找到了自我价值,即通过演讲,让听众获得了知识,演讲者自己则获得了满足感。

中国台湾作家刘墉在《如何拥有幸福成功的人生》的演讲中有一段话:

有一天,我在家找一本书,结果找到了妈妈坐的沙发边上。找书的过程中,我拥抱了妈妈一下,还说了一句"还挺胖乎的",便走开了。过了一会儿我听到了母亲的拐杖声,母亲说:"孩子,你好久没有抱娘了。"听了这话,当时我的眼泪啪啪地就掉下来了。什么是幸福?我深深感觉到这就是幸福。你们的奶奶、爷爷、外公、外婆把你们带大,现在他们老了,还有谁去关怀他们?如果以后你们回家,找个机会去抱抱他们,你们会发现他们的眼睛里头可能会有泪水。为什么?因为可能已经有多少年,10年甚至20年都没有人抱过他们了。你们从小一直是他们抱着的,但是他们老了,为什么没有人去抱抱他们呢?所以,今天回去,就去抱抱你们的爸爸妈妈、爷爷奶奶,抱抱这些老人好不好?

(掌声雷动)

在这次演讲中,演讲者用真挚的感情叙述这段他真实的故事和幸福的感受时,大家一定会有所触动。接着,演讲者又不失时机,情真意切地讲述了亲人需要关怀的道理,并呼吁大家"今天回去,就去抱抱你们的爸爸妈妈、爷爷奶奶……"这会让每个人想到自己有多久没有给予自己最亲的

人最简单的爱了。仅仅一个拥抱,我们都能做到。所以,这次演讲才能引起共鸣,收获掌声。这就是学习感恩的过程。

具体如何感恩也是有法可循的。

1. 精神感恩

对于帮助过你的每一个人,无论是细微小事或者具有意义的大事,我们都应该表示感谢。如何表达呢?最主要的是时常拥有一颗感恩的心。比如,温暖问候,时常走动,相互帮助,等等。

2. 物质感恩

对于父母的养育之恩,物质感恩是最直接的感恩方式。在父母年老之时,也是儿女们尽孝的时候,每逢节假日,回家陪陪二老,买点儿礼物,以最古老的方式表达对父母的感谢。当然也可以用这种方式对其他亲人或者朋友表示感恩。最真的心,用一张卡、一张邮票、一束花、一份真心流露的文字来表示。对于老一辈,他们有的喜欢烟酒,那么就送上我们传统的感恩礼物,一瓶珍藏的酒、一盒他们钟爱的雪茄或者香烟,虽然传统,但绝对是最真的感恩之心。

3. 电话感恩

因某些原因你与亲人或者朋友不能时常相聚,打电话是最能联络感情的方法。用最简单真挚的语言,向对方表达你的问候。最起码别人能感觉到对方在你心中的存在。对于曾经给你帮助的朋友或者亲人,你连起码的

礼貌都没有，感恩之心就不用提了。

4. 短信感恩

俗话说：礼轻情谊重。表示感恩，并不一定需要昂贵的物质表达，在工作太过忙碌时，以及我们身边要感谢的人太多时，不如时髦一点儿，发条短信表示感恩。其实，这种问候同样可以在各种节日、场合表达，比如春节、生日等。

5. 夫妻感恩

随着社会的发展，离婚率也日益增高，主要因为夫妻之间缺少感恩之心。有的人认为既然我娶了/嫁给你，你为我做任何事情都是应该的，我享受你提供的一切都是理所当然的。其实，想要家庭永远幸福，夫妻之间就应该学会感恩，懂得对方的好，相互理解、相互支持。

6. 培养感恩意识

感恩是中华民族传统美德之一。对于年幼的孩子，父母应该从小培养孩子的感恩意识。因为孩子通常从小到大都跟父母一起生活，所以父母的一言一行特别重要，是好是坏都是孩子的榜样。孩子长大后能否有一颗感恩的心，与父母的教育有着密切的关系。

第21讲 演讲高手是"梦想制造师"

一、用语言给听众心理刺激

演讲者使用兴奋的语言满足听众的心理需求，找到听众的兴奋点，提高演讲刺激的强度，加大演讲语言的力度，并且敢于标新立异，这样的演讲一定是成功的演讲。找到听众的兴奋点是演讲成功的重要保证，也是引起听众共鸣的诀窍。

心理学研究表明：人们最容易记住对自己有重大影响、对自己有利、自己主观愿意记住或给予自己重大刺激的信息。听众对演讲反应的强弱，或者说演讲对听众兴奋程度的影响，在一定程度上取决于演讲语言的强度。演讲语言的强度主要取决于演讲者对演讲内容的熟悉程度、对事物的感悟程度、对问题分析的透彻程度和对现实立场的鲜明态度。演讲者要尽最大努力把问题看得透彻、准确、鲜明，始终给听众一种压力感和责任感。

古人讲："知己知彼，百战不殆。"要想说服听众，必先了解听众，把握他们的心理活动。要在讲话前摸清他们的心理现状是什么，兴奋点

第四部分 演讲者的素养和修炼,观众看得见

是什么,心理疑点是什么,有哪些心理需求,等等。尤其要了解听众的心理特点和弱点,进而抓住要害,一语中的,使听众产生心理震撼。这是攻心的关键。

美国前总统杜鲁门的演讲是运用语言的激情与力量打动和刺激听众内心的经典案例。他的演讲内容如下:

全国同胞们:

全美国的心思和希望,事实上整个文明世界的心思和希望,今天晚上都集中在密苏里号军舰上,在这停泊于东京港口的一小块美国领土上。日本人刚刚正式放下武器,签署无条件投降文件。

4年前,整个文明世界的心思与恐惧集中在美国另一块土地上——珍珠港。那里曾发生对文明的巨大威胁,现在已经清除了。从那里通往东京的是一条漫长的、洒满鲜血的道路。

我们不会忘记珍珠港。

日本军国主义者也不会忘记美国军舰密苏里号。

日本军阀犯下的罪行是无法弥补,也是无法忘却的。但是他们的破坏和屠杀力量已经被剥夺了。现在他们的陆军以及剩下的海军已经毫不足惧了。

当然,我们首先怀着深深感激之情想到的是在这场可怕的战争中牺牲或伤残的亲人们。在陆地、海洋和天空,无数美国男女公民奉献出他们的

生命，换来今日的最后胜利，使世界文明得以保存。但是，无论多么巨大的胜利都无法弥补他们的损失。

我们想到那些在战争中忍受亲人死亡悲痛的人们。死亡夺去了他们挚爱的丈夫、儿子、兄弟和姐妹。无论多么巨大的胜利也不能使他们和亲人重逢了。只有当他们知道亲人流血牺牲换来了胜利，他们才会稍感安慰。我们活着的人们，应该为那些牺牲的烈士建立纪念碑，以纪念那些为此牺牲的烈士们。

这次胜利不仅是军事上的胜利，更是自由的胜利。

我们的兵工厂源源不断生产坦克、飞机，直捣敌人的心脏；我们的船坞源源不断制造出战舰，沟通世界各大洋，供应武器与装备；我们的农场生产出食物、纤维，供应我们海、陆军以及世界各地的盟国；我们的矿山与工厂生产出各种原料与成品，装备我们，战胜敌人。

作为这一切的后盾是一个自由民族的意志、精神与决心。这个民族知道自由意味着什么，他们知道，为了保持自由，值得付出任何代价。

正是这种自由精神给予我们武装力量，使士兵在战场上战无不胜。现在，我们知道，这种自由的精神、个人的自由以及人类的个人尊严是世界上最强大、最坚韧、最持久的力量。我们以极大的信心与希望面对未来及其一切艰险。美国能够为自己造就一个充分安全的未来。连同联合国一起，美国能够建立一个以正义、公平交往与仁义为基础的和平世界。

第四部分 演讲者的素养和修炼，观众看得见

我以美国总统的身份宣布1945年9月2日星期日日本正式投降的日子为太平洋战场胜利纪念日。这一天还不是正式停战和停止敌对行为的日子，但是我们美国人将永远记住这是报仇雪恨的一天，正如我们将永远记住另一天（1941年12月7日，日本偷袭珍珠港）是国耻日一样。

从这一天开始，我们将走向一个国内安全的新时期，我们将和其他国家一同走向一个国与国之间和平、友善和合作的更美好的新世界。

杜鲁门在这次广播演讲中，首先把人们的注意力集中到了日本签署无条件投降书的美军军舰密苏里号上，接着又回顾了4年前的珍珠港事件，让所有美国人的心都为之跳动。他在缅怀亲人的同时，阐明了这是自由对暴政的胜利，并认定"胜利后的明天将是全世界和平与繁荣的希望"。整篇演讲起伏有致，既肯定了民族的精神与意志，又让人民对明天充满必胜信心。所以，语言运用得好可以刺激听众的心理，从而产生共鸣。

就自身来说，演讲者必须表现出一定的"特质"，而且这种"特质"应被听众所喜好，只有这样才能引起听众的注意。

对听众心理的把握，要预防注意力不集中、思想偏离讲话主题等倾向。要想办法牢牢抓住听众的心。不成功的讲话，往往是因为听众不能专注于一个话题，不时分心于其他事情。在讲话中我们应注意这一点：善于用适当的话语时刻抓住听众的心，使其对讲话持久关注。

二、听众不光是听，还要看

这是一个快节奏的时代，读图胜过读文字，看实物胜过听说话。人们会记住他们看到的 50% 以上的东西，而听到的往往很容易被忘记。这就不奇怪为什么在大部分人的讲话中都会引入视觉资料或工具作为辅助了。今天，我们的视觉资料和工具几乎到处都是。符合主题的幻灯片，甚至光影效果一起打造的现场氛围，都能给听众视觉上的冲击力，能配合演讲者取得更好的演讲效果。

在波斯湾战争结束以后，美国陆军上将诺曼·施瓦茨科夫将军召开了一次著名的新闻简介会，会上他没有使用任何手稿，而是让参会的人看了五六张地图，表明盟军从战争一开始直到战争结束时的部署和军事战略。

施瓦茨科夫将军挥舞着一根可折叠的金属小棒，熟练地从一张地图移到下一张地图，如同指挥着一个乐队。他对每一张地图如何显示出战争发展的不同阶段作了解释。观众的注意力完全被他吸引，在结束时观众全部起立，掌声长达 3 分钟。

这次新闻简介会 CNN（美国有线电视新闻网）进行了全球现场直播，简介会发布几小时后，在全美国所有的网络中都进行了重播，而且作为 ABC（美国广播公司）新闻关于施瓦茨科夫"这场战争是如何打赢的"录像系列中的一部分，这次演讲还成了一个畅销的家用录像节目。

第四部分 演讲者的素养和修炼，观众看得见

2011年3月，戴维·克里斯汀教授发表了一场精彩的TED演讲，他用18分钟讲述了地球130亿年的历史。演讲中他使用了极具视觉表现力的幻灯片。他的演讲视频获得了100多万次的点击量。之后，克里斯汀开展了一项旨在教授在校学生"宏观的历史"的活动，让学生了解地球的进化史以及地球在宇宙中的地位。

18分钟能讲述地球130亿年的历史，可见幻灯片的功能是多么强大。演讲者要学会依靠幻灯片或者有形的实物对观众进行视觉刺激。听众看在眼里感觉更真实、更有说服力。成功的演讲者从不会照着幻灯片来念，而是花心思把内容转变成易懂的视觉故事，进而支撑他们的观点。好的视觉故事可以传递给听众最清晰的信息，而这需要合理的幻灯片布局的支撑。

在幻灯片的制作与布局上，有位著名演讲家曾提出一个"10—20—30原则"，即一次播放不能超过10张幻灯片，演讲总长不能超过20分钟，而且幻灯片的字体要大于30号。他说，不管你的想法是否能够颠覆世界，你必须在有限的时间里，用较少的幻灯片和精练的语言将其精华传达给听众。

另外一个原则是"20—20原则"。这条原则指的是演讲中你要有20张幻灯片，并且每张幻灯片只演讲20秒，目的就是使你做到简练，避免听众听得不耐烦。同时，你不要读幻灯片。

很多人都认为自己可以脱稿演讲，事实上却常常回头看屏幕。读幻灯片，这样做只会不断地打断你的演讲思路，这也间接地告诉听众你根本就

不理解自己所要讲的内容，从而对你的演讲失去信心和兴趣。

除了掌握这两个原则之外，要让图片或幻灯片来说话。演讲确实需要使用一些幻灯片，因为听众希望看到它们。但是，如果演讲者想完全依赖这些幻灯片，这将是个糟糕的主意。

我的经验是演示会比幻灯片更有趣，所以我尝试在演讲过程中加入了更多的演示内容。我知道，一些演讲者因为害怕出状况而在演示过程中呆板地遵循演示文稿。其实，应对这个问题的通常方法是预先录制好所有的演示内容。这样，就可以保证演讲过程中所有演示内容的完美。此外，提前录制演示内容还免去了携带额外用具的麻烦。

由可视图像引起的兴趣是很强烈的，如果利用得当，可视辅助物可以强化演讲的所有层面。研究显示，演讲者充分利用可视辅助物，会给人留下准备更充分、更可信的印象。可视辅助物可以提高听众的兴趣，使演讲者在整体上获得更大的自信。

三、走心的演讲最能打动人

好的演讲是相通的，无论放在哪个地方，讲给谁听，都能产生一样的效果，所以，好案例最能打动人。

王财贵教授的一次演讲，激励和感动了每一个人，被称为"一场演讲，百年震撼"。二十年如一日，王教授在全球不遗余力地推广读经教育的改革。他的无数公益讲座，掀起了全球读经热潮。他的更大贡献是唤醒了国人对

第四部分 演讲者的素养和修炼，观众看得见

传统文化的重新认知，引领了新的教育方向，让子孙万代受益。演讲中王财贵教授最后一句话说得特别实在："不为别的，只为知识分子的一份良知。"这是一份责任，一份真正教育者的担当，20年，他践行的是一份承诺。王财贵教授为从事教育工作的我们树立了榜样，也激励着我们更加努力。

王教授节选演讲如下：

今天我之所以来这里，就是要说明一件事情，请各位老师，这一辈子务必要记住——教育是非常简单的事；教育是非常轻松愉快的事；要培养人才，是不费吹灰之力的事。所谓的老师要有"爱心、恒心、耐心"，这些"三心二意"是不需要这么强调的。我们只是不了解教育的本质——本来一个孩子，他就是那样的纯真纯洁，他的品德，我们只要不破坏它，就很好了；本来一个孩子生下来潜能无穷，我们只要不障碍他，就不错了。有许多老师，有许多家长，一直在残害、在障碍我们的孩子。从今以后，不要再那么努力了，不要努力去障碍我们的孩子，千万、千万！拜托、拜托！

几十年来都学美国，我们中国的东西统统忘记了。忘记中国东西并不见得就是不对的，我不是一个民族感情主义者。我不是说，我是中国人，所以我要复兴中国文化。我们要复兴中国文化，不只是因为我是中国人，乃是因为我们这个文化是有意义的。我重新在检讨中国的教育理论，并不是因为我是中国人，所以我非把中国教育理论再拿出来不可，不是的，而是因为这种教育理论，它是有真理在其中的。既然我们这个文化是有意义

的，纵使我是美国人，我也要来复兴中国文化；纵使我是外星人，我也要尊重中国文化。

我是一个读书人，一个知识分子。我凭知识分子的诚意、良知来说这件事情。我今天所讲的话，超出任何宗教，超出任何的民族意识，超出任何政治立场。大家都是学教育这一行的，我们好好来检讨一下，我们一辈子费了这么多心血，我们的家长，是怎么样地期待孩子，我们的老师是怎么样地热心、用心来教孩子。尤其各位能够到这来参加这个研习会都是一时之选。

我们付出的精力这么大，难道孩子是这么难教吗？难道人才是这么难培养吗？我们为什么不停下脚步想一想？

我今天要贡献给各位的，就是重新来检讨一下，我们教育的理论。我刚才说过，大陆的情况我不很了解，以下所说，都是我在中国台湾的经验。我是在批评中国台湾教育界，不关中国大陆的事。但是如果中国大陆也有类似的情况，我们也可以反省反省。反正我们是以一个真诚的心来讨论这件事情。我们有哪些地方要反省呢？

首先，从最大、最深、最高远的一方面来讲，就是有关于文化的心态。

中国人，不要忘记了中国文化。人类的文化成就、人类的智慧，都靠语文传下来。语文的学习，是要比其他的学习更加地困难，更加地深刻。但是语文的学习，老天爷老早就安排好了。语文是几乎不用教就会的。谁那么认真教语文，谁就是笨老师，谁就在害孩子。

第四部分 演讲者的素养和修炼，观众看得见

我们把语文拆开来，分"语"和"文"两方面。"语"就是说话；"文"就是读文章、写文章。

我来这里，大家说我是中国台湾来的。其实我所读的书，孔子，山东人；孟子，山东人；老子，河南人。我到四川去，有杜甫的草堂，无限思古之幽情，就产生了。所以这里没有任何的乡土的瓜葛，只有一种东西，就是人性，就是你和我的诚恳。我们要注意了，这个断层，我们怎样把它接起来？其实我们自己也可以努力，但是，我们已经来不及了。虽然来不及，大家也不要太丧气……

王教授的这个演讲很长，有兴趣的人可以找来听听。凡是听过的人最直接的感觉就是受到了激励和震撼，内心受到了非常大的触动。

可见，演讲者的演讲是要走心的，要真正带给听众一些好东西。这样的演讲才会感人、有说服力。

演讲者在演讲之前要对自己所讲的内容进行梳理和构思，用积极、正能量的观点来点燃听众的内心，让他们听了都能受到激励，都有趋向于美好的一面。无疑这样的演讲不但是成功的，而且影响久远。

第 22 讲 演讲，离不开"爱"相随

一、"爱"是最好的语言

有一首歌唱到：爱是 Love，爱是 Amor，爱是 Rarc，爱是爱心，爱是人类最美丽的语言；爱是正大无私的奉献，我们都在爱心中孕育生长，再把爱的风帆播撒到四方；我们要在爱心中大声地歌唱，再把爱的幸福带进每个人的身上。

演讲者所做的事情，其实就是播撒爱，将幸福带给每个人。演讲者的一番话能够"动之以情，晓之以理"无不是有爱在其间。

美国歌王迈克尔·杰克逊作过一次演讲，其中流淌出的情愫就是"爱"。他说：

大概 12 年前，我正好在准备一次巡演，一个小男孩和他的父母亲来加州看我。癌症正在威胁着他的生命，他告诉我他非常爱我和我的音乐。他的父母告诉我他生命将尽，说不定哪一天就会离开，我就对他说："你瞧，三个月之后我就要到堪萨斯州你住的那个城市去开演唱会，我希望你来看我的演出，我还要送给你一件我在一部录影带里穿过的夹克。"

他眼睛一亮,说:"你要把它送给我?"我说:"当然,不过你必须答应我穿着它来看我的演出。"我只想尽力让他坚持住,就对他说:"我希望在我的演唱会上看见你穿着这件夹克戴着这只手套。"于是,我又送给他一只镶着莱茵石的手套。一般我绝不送手套给别人,但他就要去天堂了,不过,也许他离那儿实在太近。在我到他的城市时,他已经走了,他们埋葬他时给他穿上那件夹克戴上那只手套。他只有10岁。我知道,他曾经多么努力地支持过我。但至少,在他离开时,他知道自己是被深爱着的,不仅被父母,甚至还有几乎是个陌生人的我也同样爱他。拥有了这些爱,他知道他不是孤独地来到这个世界,同样也不是孤独地离开。

迈克尔·杰克逊用的语言虽然平实简单,但里面流淌着一种感情,就是对小男孩的关爱。希望小男孩的生命可以因为自己的承诺和希望而变得坚强一点儿,希望自己的鼓励和期待让小男孩生命的结束得以放慢脚步。

印度诗人、文学家泰戈尔说过:"爱就是充实了生命,正如盛满酒的酒杯。"演讲是演讲者感情的表达。他们在演讲的过程中,要将心中的爱表达出来。

我们需要一个充满友爱、亲情和凝聚力的社会,需要有人怀着崇高的信仰为之奉献。感动是什么?一千个人有一千种答案。但无论是谁,都无法对一个毫无感情的人说出感动究竟是什么。因为感动不仅仅是从嘴上讲出来的,还需要用心体会的。因为爱,所以我们感动,然而在感动之后我

们又不得不开始思考自己的人生价值。在我们心中是否有一份真正的"爱"让别人感动,或者带给别人感动。

不论是哪一种演讲类型,演讲者心中有爱,语言才能饱含深情,也才能感染别人。演讲者的爱语能抵达听众的内心。

二、"爱"要说,还要"营造场景"

说出来的爱能让人听得直观,营造一个"爱的场景"可以让人看得直观。

日本"经营之神"松下幸之助的演讲促人奋进,原因就在于他的演讲不但充满了理性的光辉,而且他在平静的叙述中先感动自己。在一次《人生的沉浮》演讲中,他这样讲道:

"我小时候生活在农村,因此,我的脑子里装满了乡村的生活情趣。至今,我仍记得乡下人洗甘薯的景象:木制的特大号水桶里,装满了要洗的甘薯,人们站在木桶边,用一根扁平的木棍不停地搅拌着。在木桶里,大小不一的甘薯随着木棍的搅动,忽沉、忽现。浮在上面的甘薯,不会永远在上面,沉在下面的,也不会永远在下面。总是浮浮沉沉,交替转换。这种浮浮沉沉、互有轮转的景象,正是人生的写照。每一个人的一生,就像那些甘薯一样,总是一浮一沉的。沉下去时,是对每个人最好的磨炼;浮上来时,是对经受住磨炼的阶段性肯定与奖励。挫折本身就隐含着正面的意义。我就是本着这

种人生观,越挫越勇,最后才取得今天这样小小的成绩。"

松下先生所讲的,就是一种爱的场景,看似讲乡下的人们洗甘薯的景象,听众和松下先生一起感受到的却是人生沉浮。树高千尺不忘根,这才是松下先生的最动人之处。所以,他把自己隐喻为甘薯,在人生长河中洗礼,有沉有浮。大家一定能感同身受,那个场景是多么地有魅力。

还有一个演讲者在母亲节发表演讲的案例。

演讲者提了一个问题给现场的观众:"你们对大马哈鱼熟悉吗?"

"大马哈鱼?知道一些。"现场观众一半以上表现的是茫然状,表示并不熟悉。于是演讲者开始讲,这种鱼很伟大,并且具有崇高的母性。望着观众迷惘的眼神,演讲者补充了一句:"你们听过或在书刊上看过大马哈鱼的生殖过程吗?"

于是,演讲者配合着PPT开始了故事的叙述:在大马哈鱼的生殖季节,它们成群结队地从深海区往内陆的江河中游去,也许有千万里,行程异常艰辛。在一些浅得刚刚能够没过石子的水湾处,大马哈鱼几乎斜着身子,蹭着江底的沙石挣扎着前进。到达浅滩时,奔波劳顿的大马哈鱼已伤痕累累,但是,它们仍然无法休息,雌鱼还要在布满沙砾的江底掘出一个个洞穴,以便产卵,产完卵的大马哈鱼体无完肤,就在这祖祖辈辈完成生殖使命的地方,大马哈鱼一批批悲壮地死去。大马哈鱼的生殖过程虽然比较残酷,但正是这种了不起的生殖方式,体现了一种伟大的母爱。我们人类的母亲

也和大马哈鱼一样，每一个生命的降生都跟母亲生死攸关。

新生的大马哈鱼从生命开始，生与死衔接得如此地紧密和短暂，流泪的余地都没有，悲伤的余地也没有，只要踏上行程，就义无反顾。

这是一种无私的母爱，我们要为大马哈鱼的死去而感动，并产生深深的敬意，如同敬爱我们的母亲一样。

所以，在今天祝福母亲的节日里，我们每个人都要想，我能为母亲做些什么？

现场的听众都被感动了。这个故事很符合演讲者所讲的主题，他用大马哈鱼产卵的过程营造了一种爱的场景，让人听着感动，甚至为之落泪，也为进一步展开演讲做了良好的铺垫。

演讲是一种综合的活动，会涉及人的很多心理问题。只有情感炽热、真诚的演讲者，才能将心中的爱表达出来。随着演讲者喜怒、爱憎情感的流露与倾泄，会推动听众情感的升温与迸发，从而达到演讲的预期目的，甚至收到意外的效果。演讲者只有学会营造一个"爱的场景"才会声情并茂，将演讲推进到更高的层次。

第四部分 演讲者的素养和修炼，观众看得见

第23讲 演讲的"三重境界"

一、用"嘴"演讲

"演讲口才"里所说的"口"就是嘴，"才"就是能力。综合起来就是指口头表达的能力。演讲与口才并不是一种天赋，它是靠刻苦训练得来的。古今中外，历史上一切口若悬河、能言善辩的演讲家、雄辩家，他们无一不是靠刻苦训练而获得成功的。用"嘴"演讲属于演讲的第一个层次，学到的是演讲的技巧和方法。

用"嘴"演讲的特点：演讲者的肚子里，没有多少"干货"，讲的时候，还要故弄玄虚、云里雾里，显得高深莫测、很厉害的样子，这种演讲是最失败的。要想演讲好，就必须具备丰富的知识，而丰富的知识必须经过不断地学习才能够得到。如果没有知识，那是肯定演讲不好的。因为我们要给别人一碗水，自己必须有一桶水，这一桶水不是一朝一夕能够得到的。我们需要不断地学习、不断地积累、不断地成长，才能够成为一名优秀的演讲家。

但我们不能因此走向另一个误区，比如肚子里有很高深的道理，说出

来的话,一般人却听不明白。有的演讲者,知识不可谓不丰富,思想不可谓不新颖,可是,只要一听他们的演讲就痛苦万分,怎么就越听越糊涂、越听越头疼呢?这些知识,从他们口中讲出来,有时候真的是无比地枯燥、无比地乏味、无比地难懂。实际上,原因就在于他们没有掌握用"嘴"演讲的技巧,好像茶壶里煮饺子,肚子里有东西却倒不出来。

如果你的演讲都没人听,或者别人听了却听不懂,那你就要在技巧上下功夫了,比如,你能不能讲点儿生动的事例?能不能打个通俗的比方?能不能运用每个人都能听得懂的词语……把这些掌握好并熟练运用了,才能练成真正的"嘴上功夫"。

二、用"心"演讲

除极个别例外,绝大多数人都是用嘴巴说话,但说话与说话不同。有的人说得很漂亮,但不能打动听者,这就叫有口无心。我们学会了太多的礼仪,知道该怎么文明用语,与人交往该注意哪些礼节,我们的素质仿佛越来越高,可我们变得越来越冷漠了,为什么呢?根本原因在于我们没有用心。对他人缺乏热忱,对他人不愿意付出真心,只是学会了表面上的礼节性交往。演讲也一样,如果只是"嘴上功夫"了得,而不用心演讲,那么再好的演讲也只是让人听听而已,并不能从演讲者的内心走到听众的内心,更不会产生共鸣。

第四部分 演讲者的素养和修炼，观众看得见

从现在开始，我们要学会用心说话，说心里话，而不是说礼节性地应付别人的话。会说漂亮话的人只会让人敬而远之，只有用心说话、真诚待人的人才能得到他人的真心，他的话才能真正打动他人、感动他人、温暖他人。

怎样才能做到用心说话呢？首先得学会用心聆听，听完之后再说话。说话也只说心里话，眼睛看着对方，要对他人充满热情，付出所有的真诚，用你的真心去感动对方、温暖他人，同时更温暖自己。

在《我是演说家》节目中，有位演讲者是一位来自宁夏的回族女选手，名字叫马慧娟。她只有初中文凭，自学成才，每天一边在地里干活，一边用手机写文章，最终成了一名作家。在这档节目中，她用最简单、最朴实的语言，向全国观众讲述了自己追逐文学梦的历程。她的话，没有一丁点儿高深的知识，也没用什么演讲技巧，但她的话充满了最真挚的感情，打动了全国观众的心。

马慧娟就是在用"心"演讲。把一个很深奥的道理，通过自己的语言表达出来，通俗易懂，让每一个人听着，就像聊天一样，像评书，不是；像相声，不是；像小品，也不是。但是这些话通俗易懂、幽默风趣、声情并茂、抑扬顿挫，让底下的观众愿意听，想听，想再来听，这才是成功的演讲者。

应该这样说，真正好的演讲或是激情或是深沉，都应该是自然的感情

流露，应该是情感的水到渠成，而不是故意提高八度的嗓音或硬挤出来的几滴泪水。真正好的演讲还应该有一个好的演讲内容。内容的深度和温度，来自平时的积累和切实感悟，来自演讲者对周围事物敏锐的洞察。有感而发、有情可抒才能成就一次成功的演讲，也就是演讲者先让自己感动，才能感动别人。

三、用"生命"演讲

一个真正热爱演讲的人，除了刻意锻炼口才和留心身边感人的事例之外，更多的是具有一种使命感，迫不及待地要帮助所有的人。

这样的人，热爱演讲。每当他（她）站在舞台上，就会光芒万丈，带着满满的自信，相信自己，相信自己的能力，想给别人带去正能量，分享有价值的观念和信条。这样的演讲者把演讲当成了自己生命的一部分。

演讲不是炫口才。

真正的演讲，

不仅是传递内容，更是传递感情；

不仅在传递信息，更在传递信念；

不仅在传递自我，更在传递大爱！

每个人来到世上，都是带有一定的使命的，有的人的使命是教书育人，有的人的使命是救死扶伤，有的人的使命是保家卫国……演讲者的使

第四部分 演讲者的素养和修炼，观众看得见

命是什么？是用演讲开启人们的智慧，给听众带来收益。只有将演讲看成自己人生的神圣使命，才能增强演讲者的使命感，才会坚持不懈！脸谱（Facebook）创始人扎克伯格在清华大学的演讲中是这样说的：

相信你的使命，做你觉得是重要的事情。

2004年，我创立Facebook，是因为我觉得能在网上和人联结是非常重要的。那时候，互联网上有很多网站，你可以找到几乎所有的东西：新闻、音乐、书、电影、买东西，可是没有任何网络服务能帮我们找到生活中最重要的东西：人。

人是最重要的。请大家看看这个房间，你们看到了什么？不是这张桌子、这把椅子，是这里的人。这是人的特点，每个人都想跟他们的朋友和家人联系。当我们可以分享和联系，生活就会变得更好。当我们分享和联系，我们就可以和家人和朋友有更好的关系。我们的企业更强大是因为可以和客户有更好的沟通，社会也会变得更强大是因为我们知道得更多。当我创立Facebook的时候，我不是要创立一个公司，我想要解决一个非常重要的问题，我想把人们联结在一起。当我看中国的公司，像阿里巴巴和小米，我看到的是一样的故事，当你有使命，它会让你更专注。

做企业需要使命，做员工需要使命，大到国，小到家，人或多或少都有使命感，更大的使命感是什么？来自你愿意为自己的家庭、社会、国家甚至于全世界做一些有意义的事情。

听过尼克·胡哲充满激情的演讲的人,都不敢相信这样励志的演讲出于一位没有四肢的人。尼克演讲时脸上始终饱含笑意,对生活的态度积极乐观。这样一个看似"无用"的人,却漂洋过海地全球跑,不仅养活了自己,还四处播撒正能量。尼克迄今为止已经在25个国家作过演讲,听众达到1000万人以上。在演讲中,尼克常常以身示范如何一次次在跌倒中试图爬起。一次不行,两次、三次……直到最终站立起来。他不屈不挠地演示着自己如何战胜困难,用生命体验展示永不放弃的意志,这种力量足以撼动灵魂。而这也是一个真正的演讲大师传达给所有人的一个信念:用生命去作演讲。

本书演讲伙伴

郑俊丽
佐丹力健康产品推广者

周梅
幸福分享家

魏薇
素食推广者

李校红
河北道源健康管理有限公司总经理

刘伟
河北省廊坊市文安县金昭木业有限公司

李秀娟
沃其特生物科技有限公司

李剑波
东莞市好艾友生物科技有限公司首席运营官
好艾友甄阳微分子艾灸

代防修
中医养生达人
运输行业经营者

张铁良
中国五子棋竞赛规则编写者
中国国际跳棋协会委员

本书演讲伙伴

苏志燕
三甲医院内科医生
践行辟谷养生 推崇自然疗法

曲建文
素食环保倡导者

谢纪甄
"159 大爱团队"领导者

李知谦
大型正宗芝麻香基酒生产基地
企业公司定制酒专家

郭俊龙
养生奇人
数学健康管理创始人

谭新美
潍坊市燊爱母婴健康管理有限公司

毕丽娜
丽尔维美燕窝蚕丝面膜联合创始人

苏显忠
哈吉动力藏生堂藏药泡脚

孙俊静
康尔鼎品合伙人 三零食材